AUTOCRACIA S.A.

ANNE APPLEBAUM

AUTOCRACIA S.A.

OS DITADORES QUE QUEREM DOMINAR O MUNDO

Tradução
Alessandra Bonrruquer

3ª edição

EDITORA RECORD
RIO DE JANEIRO • SÃO PAULO
2025

CIP-BRASIL. CATALOGAÇÃO NA PUBLICAÇÃO
SINDICATO NACIONAL DOS EDITORES DE LIVROS, RJ

A658a

Applebaum, Anne, 1964-
  Autocracia S.A. : os ditadores que querem dominar o mundo / Anne Applebaum ; tradução Alessandra Bonrruquer. - 3. ed. - Rio de Janeiro : Record, 2025.

  Tradução de: Autocracy, inc. : the dictators who want to run the world
  ISBN: 978-85-01-92289-2

  1. Poder (Ciências sociais). 2. Ditadura - Estudos interculturais. 2. Corrupção na política - Estudos interculturais. 3. Democracia - Estudos interculturais. I. Bonrruquer, Alessandra. II. Título.

24-93213
CDD 321.9
CDU 321.6

Meri Gleice Rodrigues de Souza - Bibliotecária - CRB-7/6439

Título em inglês:
Autocracy, inc.

Copyright © Anne Applebaum, 2024

Todos os direitos reservados. Proibida a reprodução, armazenamento ou transmissão de partes deste livro, através de quaisquer meios, sem prévia autorização por escrito.

Texto revisado segundo o Acordo Ortográfico da Língua Portuguesa de 1990.

Direitos exclusivos de publicação em língua portuguesa somente para o Brasil adquiridos pela
EDITORA RECORD LTDA.
Rua Argentina, 171 – Rio de Janeiro, RJ – 20921-380 – Tel.: (21) 2585-2000, que se reserva a propriedade literária desta tradução.

Impresso no Brasil

ISBN 978-85-01-92289-2

Seja um leitor preferencial Record.
Cadastre-se no site www.record.com.br
e receba informações sobre nossos
lançamentos e nossas promoções.

Atendimento e venda direta ao leitor:
sac@record.com.br

Para os otimistas

Sumário

Introdução: Autocracia S.A.	9
1. A cobiça que cega	23
2. A metástase da cleptocracia	45
3. Controlando a narrativa	63
4. Alterando o sistema operacional	91
5. Caluniando os democratas	111
Epílogo: Democratas Associados	135
Agradecimentos	157
Notas	159
Créditos do texto	179

Introdução: Autocracia S.A.

Todos temos na mente uma imagem caricata do Estado autocrático. Há um homem mau no topo. Ele controla o Exército e a polícia. O Exército e a polícia ameaçam as pessoas com violência. Há colaboradores malvados e, talvez, alguns bravos dissidentes.

Entretanto, no século XXI, essa imagem tem pouca semelhança com a realidade. Atualmente, as autocracias são governadas não por um cara malvado, mas por sofisticadas redes escoradas em estruturas financeiras cleptocráticas, um complexo de serviços de segurança — militares, paramilitares, policiais — e especialistas em tecnologia que fornecem vigilância, propaganda e desinformação. Os membros dessas redes estão conectados não somente uns aos outros no interior da autocracia, mas também às redes dos outros países autocráticos e, às vezes, dos democráticos também. Empresas corruptas e controladas pelo Estado em uma ditadura fazem negócios com empresas corruptas e controladas pelo Estado em outra. A polícia de um país pode armar, equipar e treinar a polícia de muitos outros. A publicidade compartilha recursos — as fazendas de trolls e redes midiáticas que promovem a propaganda de um ditador também podem ser usadas para promover de outro — e temas: a degeneração da democracia, a estabilidade da autocracia, a perversidade dos Estados Unidos.

Isso não significa que haja alguma sala secreta na qual os caras maus se reúnem, como em um filme de James Bond, nem que nosso conflito com eles seja uma oposição binária, preto no branco, uma "Guerra Fria 2.0". Entre os autocratas modernos, há aqueles que se autointitulam comunistas, monarquistas, nacionalistas e teocratas. Seus regimes têm diferentes raízes históricas, objetivos e estéticas. O comunismo chinês e o nacionalismo russo diferem não somente um do outro, mas também do socialismo bolivariano da Venezuela, do Juche da Coreia do Norte e do radicalismo xiita da República Islâmica do Irã. Todos eles diferem das monarquias árabes e de outras — Arábia Saudita, Emirados Árabes, Vietnã — que, na maior parte do tempo, não tentam minar o mundo democrático. Também diferem das autocracias mais brandas e das democracias híbridas, às vezes chamadas de democracias iliberais — Turquia, Singapura, Índia, Filipinas, Hungria —, que alternadamente se alinham ou não ao mundo democrático. Ao contrário das alianças militares ou policiais de outras épocas e lugares, esse grupo opera não como um bloco, mas como um aglomerado de empresas unidas não pela ideologia, mas pela brutal e obstinada determinação de preservar sua riqueza e seu poder. É isso que chamo de Autocracia S.A.

Em vez de ideias, os tiranos[1] que lideram Rússia, China, Irã, Coreia do Norte, Venezuela, Nicarágua, Angola, Mianmar, Cuba, Síria, Zimbábue, Mali, Bielorrússia, Sudão, Azerbaijão e talvez outras três dezenas de países[2] compartilham a determinação de privar seus cidadãos de qualquer influência ou voz pública reais, de resistir a todas as formas de transparência ou prestação de contas e de reprimir qualquer um, no âmbito doméstico ou internacional, que os desafie. Eles também compartilham uma abordagem brutalmente pragmática da riqueza. Ao contrário dos líderes fascistas e comunistas do passado, que tinham máquinas partidárias por trás de si e não expunham a própria ganância, os líderes da Autocracia S.A. frequentemente possuem residências opulentas e estruturam grande parte de sua colaboração em termos de iniciativas lucrativas. Seus laços uns com os outros e com seus amigos no mundo democrático são cimentados não com ideais, mas com acordos — projetados para amenizar sanções, compartilhar tecnologias de vigilância e permitir o enriquecimento uns dos outros.

A Autocracia S.A. também colabora para manter seus membros no poder. O impopular regime de Alexander Lukashenko na Bielorrússia[3] foi criticado por múltiplas instituições internacionais — a União Europeia, a Organização para a Segurança e a Cooperação na Europa — e o país foi isolado por seus vizinhos europeus. Muitas mercadorias bielorrussas não podem ser vendidas nos Estados Unidos ou na União Europeia. A empresa aérea nacional, a Belavia, não pode voar para países europeus. Todavia, na prática, a Bielorrússia não está isolada. Mais de duas dezenas de empresas chinesas investiram dinheiro no país, até mesmo construindo um Parque Industrial China-Bielorrússia, seguindo o modelo de um projeto similar em Suzhou.[4] O Irã e a Bielorrússia trocaram visitas diplomáticas de alto nível em 2023.[5] Oficiais cubanos expressaram solidariedade a Lukashenko na ONU. A Rússia oferece mercados, investimento transfronteiriço, apoio político e provavelmente serviços policiais e de segurança. Em 2020, quando jornalistas bielorrussos se rebelaram e se recusaram a reportar resultados eleitorais falsos, a Rússia enviou jornalistas russos para substituí-los.[6] Em troca, o regime de Lukashenko permitiu que a Rússia baseasse tropas e armas em seu território para atacar a Ucrânia.

A Venezuela, em teoria, também é um pária internacional. A partir de 2008, Estados Unidos, Canadá e União Europeia intensificaram sanções em resposta à brutalidade do regime venezuelano, ao contrabando de drogas e às ligações do país com o crime internacional. Mesmo assim, o regime do presidente Nicolás Maduro recebe empréstimos da Rússia,[7] que também investe na indústria petrolífera local, a exemplo do Irã. Uma empresa bielorrussa monta tratores na Venezuela.[8] A Turquia facilita o comércio ilegal de ouro.[9] Cuba há muito fornece consultores e tecnologias de segurança para sua contraparte em Caracas. Canhões de água, granadas de gás lacrimogêneo e escudos chineses[10] foram usados para reprimir os manifestantes em Caracas em 2014 e novamente em 2017, deixando mais de dezessete mortos, ao passo que tecnologia chinesa é usada para vigiar o público.[11] Entrementes, o comércio internacional de narcóticos mantém membros do regime, juntamente com suas equipes e famílias, bem abastecidos com artigos de Versace e Chanel.

Os ditadores bielorrusso e venezuelano são amplamente desprezados em seus países.[12] Ambos perderiam em eleições livres, se elas algum dia fossem realizadas.[13] Ambos têm oponentes poderosos: os movimentos de oposição nos dois países contam com líderes carismáticos e ativistas dedicados que inspiram os cidadãos a correr riscos, trabalhar pela mudança e organizar manifestações. Em agosto de 2020, mais de 1 milhão de bielorrussos, em uma população de somente 10 milhões, protestaram nas ruas contra a fraude nas eleições. Centenas de milhares de venezuelanos participam repetidamente de protestos em todo o país.

Se seus únicos inimigos fossem o corrupto e falido regime venezuelano ou o brutal e desagradável regime bielorrusso, esses movimentos de protesto talvez tivessem vencido. Mas eles não estão lutando somente contra autocratas em solo doméstico; estão lutando contra autocratas em todo o mundo, que controlam empresas estatais em múltiplos países e podem usá-las para tomar decisões de investimento de bilhões de dólares. Estão lutando contra regimes que podem comprar câmeras de segurança da China ou bots de São Petersburgo. E, acima de tudo, estão lutando contra governantes que há muito se tornaram indiferentes aos sentimentos e às opiniões de seus compatriotas e de todos os outros. A Autocracia S.A. oferece a seus membros não somente dinheiro e segurança, mas também algo menos tangível: impunidade.

A convicção, comum entre os autocratas mais ferrenhos, de que o mundo externo não pode tocá-los — de que o posicionamento das outras nações não importa e nenhum tribunal da opinião pública jamais os julgará — é relativamente recente. Outrora, os líderes da União Soviética, a mais poderosa autocracia da segunda metade do século XX, observavam com atenção a maneira como eram percebidos ao redor do mundo. Eles promoviam vigorosamente a superioridade de seu sistema político e objetavam quando este era criticado. E ao menos fingiam dar importância ao sistema aspiracional de normas e tratados instaurado após a Segunda Guerra Mundial, com sua linguagem sobre direitos humanos universais, leis contra crimes de guerra e o Estado de direito de modo mais amplo. Quando, num episódio famoso, o premiê soviético Nikita Khrushchev[14] se levantou na sede das Nações Unidas e bateu o sapato na mesa durante a Assembleia Geral de 1960, ele o fez porque um delegado filipino havia dito que a Europa Oriental sob ocupação soviética fora "privada do livre exercício de seus direitos civis e políticos", e sentiu que era importante objetar. Mesmo no início deste século, a maior parte das ditaduras escondia suas verdadeiras intenções atrás de exibições elaboradas e cuidadosamente manipuladas de democracia.[15]

Hoje, os membros da Autocracia S.A. já não ligam se seus países são criticados ou por quem são criticados. Alguns, como os líderes de Mianmar e do Zimbábue, não se importam com nada além do enriquecimento pessoal e do desejo de permanecer no poder, e, desse modo, são imunes ao constrangimento. Os líderes do Irã ignoram despreocupadamente as visões dos infiéis ocidentais. Os líderes de Cuba e da Venezuela tratam as críticas internacionais como evidências do vasto complô internacional contra eles. Os líderes da China e da Rússia passaram uma década disputando a linguagem dos direitos humanos há muito empregada pelas instituições internacionais, conseguindo convencer muitos em todo o mundo de que os tratados e convenções sobre guerra e genocídio — e conceitos como "liberdades civis" e "Estado de direito" — representam ideias ocidentais que não se aplicam a eles.

Imunes ao criticismo internacional, os autocratas modernos não se envergonham do uso escancarado da brutalidade. A junta birmanesa não esconde o fato de ter assassinado centenas de manifestantes, incluindo adolescentes, nas ruas de Rangum. O regime zimbabuano persegue os candidatos da oposição à luz do dia durante suas ridiculamente falsas eleições. O governo chinês se vangloria de ter destruído o movimento democrático popular em Hong Kong e de sua campanha "antiextremismo" — envolvendo prisões em massa e campos de concentração para milhares de uigures muçulmanos — em Xinjiang. O regime iraniano não esconde a violenta repressão às mulheres.[16]

Nos extremos, tal desdém pode se transformar no que o ativista da democracia internacional Srđa Popović chamou de "modelo Maduro"[17] de governança, em referência ao atual líder da Venezuela. Os autocratas que o adotam estão "dispostos a ver seu país entrar na categoria de Estado falido", diz ele — aceitando o colapso econômico, a violência endêmica, a pobreza em massa e o isolamento internacional, se esse for o preço para permanecer no poder. Como Maduro, os presidentes Bashar al-Assad, na Síria, e Lukashenko, na Bielorrússia, parecem totalmente confortáveis governando economias e sociedades em colapso. Esses tipos de regime podem ser difíceis de entender para os habitantes das democracias, porque seu objetivo primário não é criar prosperidade ou elevar o bem-estar dos cidadãos, mas permanecer no poder, e, para isso, eles estão dispostos a desestabilizar seus vizinhos, destruir a vida das pessoas comuns ou — seguindo os passos de seus predecessores — causar a morte de centenas de milhares de cidadãos.

No século XX, o mundo autocrático não era mais unificado que hoje. Comunistas e fascistas guerreavam entre si. Às vezes, comunistas guerreavam contra comunistas.[18] Mas eles tinham visões comuns sobre o sistema político que Lênin, o fundador do Estado soviético, chamava sarcasticamente de "democracia burguesa", que considerava "restrita, truncada, falsa e hipócrita, um paraíso para os ricos e uma armadilha e uma ilusão para os explorados, os pobres".[19] "A democracia pura", escreveu ele, era "a expressão desonesta usada pelo liberal que procura enganar os operários." Como líder de uma facção política originalmente minúscula, não espanta que Lênin desdenhasse também da ideia de eleições livres: "Somente patifes e simplórios acreditam que o proletariado precisa primeiro obter maioria em eleições realizadas sob o jugo da burguesia [...] Esse é o ápice da estupidez."[20]

Os fundadores do fascismo, embora se opusessem amargamente ao regime de Lênin, sentiam o mesmo desdém por seus oponentes democráticos. Mussolini, o líder italiano cujo movimento cunhou as palavras "fascismo" e "totalitarismo", zombava das sociedades liberais, que considerava fracas e degeneradas. "O Estado liberal está destinado a perecer", previu ele em 1932. "Todos os experimentos políticos de nossa época são antiliberais." Ele também inverteu a definição de "democracia", considerando as ditaduras italiana e alemã "as maiores e mais sensatas democracias do mundo hoje". A crítica do liberalismo feita por Hitler seguia o mesmo padrão. Ele escreveu em *Mein Kampf* [Minha luta] que a democracia parlamentar era "um dos mais sérios sinais de decadência da humanidade", e declarou que "o sinal de um nível mais elevado de cultura" não era "a liberdade individual, mas a restrição da liberdade individual", se promovida por uma organização racialmente pura.[21]

Ainda em 1929, Mao Tsé-Tung,[22] que mais tarde se tornaria ditador da República Popular da China, alertou contra o que chamou de "ultrademocracia", porque "essas ideias são totalmente incompatíveis com as tarefas combativas do proletariado" — uma declaração mais tarde reproduzida em *O Livro Vermelho*.[23] Um dos documentos fundadores do regime de Mianmar, um memorando de 1962 intitulado "O caminho birmanês para o socialismo", contém uma tirada contra as legislaturas eleitas:

> A "democracia parlamentar" da Birmânia não somente falhou em auxiliar nosso desenvolvimento socialista como, devido a suas próprias inconsistências, defeitos, fraquezas e lacunas, seus abusos e a ausência de uma opinião pública madura, perdeu de vista e se desviou dos objetivos socialistas.[24]

Sayyid Qutb, um dos fundadores intelectuais do Islã radical moderno, adotou tanto a crença comunista na revolução universal quanto a crença fascista no poder libertador da violência. Como Hitler e Stalin, ele argumentou que as ideias liberais e o comércio moderno eram uma ameaça à criação de uma civilização ideal — nesse caso, uma civilização islâmica. Qutb construiu sua ideologia em torno da oposição à democracia e aos direitos individuais, criando um culto da destruição e da morte. Os eruditos e ativistas dos direitos humanos iranianos Ladan e Roya Boroumand escreveram que Qutb imaginava que uma "minoria ideologicamente autoconsciente, de vanguarda", lideraria uma revolução violenta a fim de criar uma sociedade ideal, "uma sociedade sem classes na qual o 'indivíduo egoísta' das democracias liberais seria banido e a 'exploração do homem pelo homem' seria abolida. Somente Deus a governaria, através da implementação da lei islâmica (xaria)". Isso era "leninismo vestido de islamismo".[25]

Os autocratas modernos diferem de muitas maneiras de seus predecessores do século XX. Mas os herdeiros, sucessores e imitadores dos antigos líderes e pensadores, por mais variadas que sejam suas ideologias, têm um inimigo comum. Esse inimigo somos nós.

Para ser mais precisa, esse inimigo é o mundo democrático, "o Ocidente", a Otan, a União Europeia, os oponentes democráticos internacionais e, acima de tudo, as ideias liberais que os inspiram. Tais ideias incluem a noção de que as leis são uma força neutra, não sujeita aos caprichos dos políticos; que tribunais e juízes precisam ser independentes; que a oposição é legítima; que os direitos de expressão e reunião devem ser garantidos; e que jornalistas, escritores e pensadores independentes podem criticar o partido ou o líder governante, mas permanecer leais ao Estado.

Os autocratas odeiam esses princípios porque eles ameaçam seu poder. Se juízes e jurados forem independentes, eles podem responsabilizar os governantes. Se houver imprensa genuinamente livre, os jornalistas podem expor o roubo e a corrupção nos níveis mais elevados. Se o sistema político permitir que os cidadãos influenciem o governo, eles podem em algum momento modificar o regime.

Sua inimizade pelo mundo democrático não é meramente uma forma de competição geopolítica tradicional, como "realistas" e muitos estrategistas de relações internacionais ainda acreditam. Ela tem raízes na própria natureza do sistema político democrático, em palavras como "prestação de contas", "transparência" e "democracia". Os autocratas ouvem a linguagem vinda do mundo democrático, ouvem a mesma linguagem vinda de seus próprios dissidentes, e tentam destruir ambas. Sua própria retórica deixa isso claro. Em 2013, quando Xi Jinping iniciava sua ascensão ao poder, um memorando interno chinês, conhecido enigmaticamente como "Documento número nove" ou, mais formalmente, "Comunicado sobre o estado atual da esfera ideológica", listava os "sete perigos" enfrentados pelo Partido Comunista da China. A democracia constitucional ocidental liderava a lista, seguida por "valores universais", independência da mídia e participação cívica, assim como críticas "niilistas" ao Partido Comunista. O agora infame documento concluía que "as forças ocidentais hostis à China", juntamente com os dissidentes no interior do país, "ainda infiltram constantemente a esfera ideológica". O documento instruía os líderes partidários a resistirem a essas ideias e as controlarem nos espaços públicos, acima de tudo na internet, sempre que as encontrassem.[26]

Desde 2004, ao menos, os russos focam o mesmo conjunto de ameaças. Nesse ano, os ucranianos iniciaram uma revolta popular conhecida como a Revolução Laranja — o nome veio das camisetas e bandeiras alaranjadas usadas pelos manifestantes — contra a desajeitada tentativa do governo de fraudar uma eleição presidencial. A furiosa intervenção do povo ucraniano no que deveria ter sido a vitória cuidadosamente manipulada e orquestrada de Víktor Ianukóvitch, o candidato apoiado por Putin, enervou os russos em alto grau, sobretudo porque um movimento de protesto similarmente agressivo na Geórgia levara o político pró-europeu Mikheil Saakashvili ao poder no ano anterior. Abalado por esses dois eventos, Putin colocou o bicho-papão da "revolução colorida" no centro de sua propaganda. Os movimentos civis de protesto são sempre descritos como "revoluções coloridas" e obra de forasteiros. Os líderes populares são marionetes controladas por estrangeiros. Os slogans anticorrupção e pró-democracia estão ligados ao caos e à instabilidade. Em 2011, um ano de protestos em massa contra uma eleição manipulada na própria Rússia, Putin evocou a Revolução Laranja com real amargura, descrevendo-a como um "esquema para desestabilizar a sociedade" e acusando a oposição de "transferir a prática para solo russo", onde ele temia que um levante similar pretendesse removê-lo do poder.[27]

Ele estava errado. Não havia nenhum "esquema" sendo "transferido". O descontentamento popular na Rússia, assim como na China, simplesmente não tinha onde se expressar, com exceção das ruas. Os oponentes de Putin não dispunham de meios legais para removê-lo do poder. Os críticos do regime falam sobre democracia e direitos humanos porque isso reflete sua experiência de injustiça, e não somente na Rússia. Os protestos que levaram às transições democráticas nas Filipinas, em Taiwan, na África do Sul, na Coreia do Sul, em Mianmar e no México; as "revoluções populares" que varreram a Europa Central e a Europa Oriental em 1989; a Primavera Árabe em 2011; e os protestos em Hong Kong em 2019-20 foram iniciados por pessoas que haviam sofrido injustiças nas mãos do Estado.

INTRODUÇÃO: AUTOCRACIA S.A.

Esta é a essência do problema: os líderes da Autocracia S.A. sabem que a linguagem de transparência, prestação de contas, justiça e democracia sempre será atraente para alguns de seus cidadãos. A fim de permanecer no poder, eles precisam minar essas ideias, onde quer que as encontrem.

Em 24 de fevereiro de 2022, a Rússia iniciou uma guerra contra a Ucrânia, a primeira batalha cinética do conflito entre a Autocracia S.A. e o que pode ser descrito, em termos genéricos, como mundo democrático. A Rússia ocupa uma posição especial na rede autocrática, tanto como inventora do casamento moderno entre cleptocracia e ditadura quanto como nação que hoje busca mais agressivamente subverter o *status quo*. A invasão russa foi planejada nesse espírito. Putin esperava não somente adquirir território, mas também mostrar ao mundo que as antigas regras de comportamento internacional já não se aplicavam.

Desde os primeiros dias da guerra, ele e a elite da segurança russa demonstraram explicitamente seu desdém pela linguagem dos direitos humanos, sua indiferença pelas leis de guerra, seu desprezo pelo direito internacional e pelos tratados que haviam assinado. Eles prenderam oficiais e líderes civis: prefeitos, oficiais de polícia, servidores públicos, diretores de escola, jornalistas, artistas, curadores de museu. Construíram câmaras de tortura para civis na maioria das cidades que ocuparam no sul e no leste da Ucrânia.[28] Sequestraram milhares de crianças, arrancando algumas das famílias e removendo outras de orfanatos, dando a elas novas identidades "russas" e impedindo que voltassem para a Ucrânia.[29] Além disso, atacaram deliberadamente profissionais dos serviços de emergência.[30] No verão de 2022, ignorando os princípios de integridade territorial subscritos pela Rússia na Carta das Nações Unidas e nos Acordos de Helsinque, Putin anunciou que anexaria territórios que seu exército nem sequer controlava. As forças de ocupação roubaram e exportaram grãos e "nacionalizaram" fábricas e minas ucranianas, entregando-as a empresários russos próximos a Putin, ridicularizando também o direito internacional de propriedade.[31]

Esses atos não foram dano colateral ou efeitos acidentais da guerra. Eles faziam parte de um plano consciente para minar a rede de ideias, regras e tratados presente no direito internacional desde 1945, para destruir a ordem europeia criada em 1989 e, ainda mais importante, para diminuir a influência e prejudicar a reputação dos Estados Unidos e de seus aliados democráticos. "Não se trata da Ucrânia, mas da ordem mundial", disse Sergei Lavrov, ministro das Relações Exteriores russo, assim que a guerra começou. "A crise atual é um momento fatídico que marcará época na história moderna. Ela reflete a batalha sobre como será a ordem mundial."[32]

Putin achou que escaparia impune desses crimes e venceria rapidamente, não só porque sabia muito pouco sobre a Ucrânia moderna, que acreditava incapaz de se defender, mas também porque esperava que as democracias se curvassem a seus desejos. Ele presumiu que as profundas divisões políticas nos Estados Unidos e na Europa, algumas das quais encorajara ativamente, incapacitariam seus líderes. Além disso, concluiu que a comunidade empresarial europeia, que cortejava havia muito tempo, exigiria a retomada do comércio com a Rússia.

Decisões tomadas em Washington, Londres, Paris, Bruxelas, Berlim e Varsóvia — para não mencionar Tóquio, Seul, Ottawa e Camberra — após a invasão de 2022 provaram que Putin estava errado. O mundo democrático rapidamente impôs duras sanções à Rússia, congelou seus ativos e removeu seus bancos do sistema internacional de pagamentos. Um consórcio de mais de cinquenta países forneceu armas, informações e dinheiro ao governo ucraniano. A Suécia e a Finlândia, que mantinham neutralidade política havia décadas, decidiram se unir à Otan. Olaf Scholz, o chanceler alemão, declarou que seu país chegara a uma *Zeitenwende*, um "ponto de virada", e concordou em contribuir com armas para uma guerra europeia pela primeira vez desde 1945. Durante um discurso em Varsóvia, o presidente norte-americano Joe Biden descreveu o momento como teste para os Estados Unidos, a Europa e a aliança transatlântica.

"Vamos defender a soberania das nações?", perguntou ele. "Vamos defender o direito das pessoas de não se sujeitarem à agressão declarada? Vamos defender a democracia?"

Sim, concluiu Biden, sob fortes aplausos: "Seremos fortes. Permaneceremos unidos."[33]

Mas se Putin subestimou a unidade do mundo democrático, as democracias também subestimaram a escala do desafio. Assim como os ativistas da democracia na Venezuela ou na Bielorrússia, elas pouco a pouco descobriram que não estavam lutando apenas contra a Rússia na Ucrânia. Estavam lutando contra a Autocracia S.A.

Xi Jinping assinalara seu apoio à invasão ilegal antes mesmo que ela fosse iniciada, publicando uma declaração conjunta com o presidente russo em 4 de fevereiro, menos de três semanas antes de as primeiras bombas caírem sobre Kiev. Antecipando o ultraje americano e europeu, os dois líderes anunciaram antecipadamente sua intenção de ignorar quaisquer críticas às ações russas e, sobretudo, tudo que se parecesse com "interferência nos assuntos internos de Estados soberanos, sob o pretexto de proteger a democracia e os direitos humanos".[34] Embora Xi nunca tenha compartilhado a obsessão do líder russo pela destruição da Ucrânia, e embora os chineses parecessem ansiosos para evitar uma escalada nuclear, eles se recusaram a criticar a Rússia diretamente. Em vez disso, lucraram com a situação, comprando petróleo e gás russo a preços baixos e vendendo discretamente suas tecnologias de defesa.[35]

E não foram os únicos. Conforme a guerra progredia, o Irã exportou milhares de drones letais para a Rússia.[36] A Coreia do Norte forneceu munição e mísseis.[37] Estados clientes e amigos na África, incluindo Eritreia, Zimbábue, Mali e República Centro-Africana, apoiaram a Rússia na ONU e em outras instâncias. Desde os primeiros dias da guerra, a Bielorrússia permitiu que tropas russas usassem seu território, incluindo estradas, ferrovias e bases militares.[38] A Turquia, a Geórgia, o Quirguistão e o Cazaquistão, todos Estados iliberais com laços transacionais com o mundo autocrático, ajudaram a indústria de defesa russa a contornar as sanções e importar ferramentas e produtos eletrônicos.[39] A Índia aproveitou a baixa nos preços e comprou petróleo russo.

Na primavera de 2023, os oficiais russos se mostraram mais ambiciosos e começaram a discutir a criação de uma moeda digital eurasiana, talvez baseada na tecnologia blockchain, para substituir o dólar e diminuir a influência econômica norte-americana no mundo. Além disso, planejaram aprofundar seu relacionamento com a China, compartilhando pesquisas sobre inteligência artificial e internet das coisas. O propósito final de toda essa atividade nunca esteve em dúvida. Um documento vazado que descrevia essas discussões ecoava as palavras de Lavrov: a Rússia visava "criar uma nova ordem mundial".[40]

Esse objetivo é amplamente compartilhado. Escoradas pelas tecnologias e táticas que copiam umas das outras, por seus interesses econômicos comuns e, acima de tudo, pela determinação de não ceder poder, as autocracias acreditam estar vencendo. Essa crença — de onde vem, por que persiste, como o mundo democrático originalmente ajudou a consolidá-la e como podemos derrotá-la — é o tema deste livro.

1. A cobiça que cega

No verão de 1967, capitalistas austríacos e alemães ocidentais das indústrias de gás e aço se encontraram discretamente com um grupo de comunistas soviéticos em uma antiga cabana de caça dos Habsburgo, perto de Viena.[1] A atmosfera devia ser estranha. Tropas soviéticas haviam saído da Áustria somente doze anos antes. Soldados alemães ocidentais ainda encaravam soldados alemães orientais na fronteira fortificada em Berlim. O medo de uma invasão soviética iminente havia se dissipado, mas somente graças à forte presença militar norte-americana na Europa.

Mesmo assim, todo mundo na cabana tinha interesses comuns. Engenheiros soviéticos haviam descoberto grandes campos de gás no oeste da Sibéria. As novas tecnologias faziam com que o gás fosse cada vez mais limpo, barato e fácil de transportar. Gasodutos do Oriente comunista para o Ocidente capitalista pareciam uma excelente maneira de ambos os lados lucrarem. O grupo conversou e concordou em se reunir novamente. A conversa continuou em outras cidades, passando do preço do gás para o custo dos empréstimos necessários para financiar a tecnologia de construção dos gasodutos. Em fevereiro de 1970, oficiais alemães ocidentais e soviéticos finalmente concluíram o acordo que levaria à construção do primeiro gasoduto da URSS para a Europa Ocidental.[2]

Antes do acordo, as trocas econômicas entre a Europa Ocidental ou os Estados Unidos e a União Soviética haviam sido mínimas, sem envolver nada mais complexo que o comércio de ícones russos, madeira e grãos, além de alguns duvidosos acordos de mineração. Quando as conversas começaram na cabana austríaca, todos sabiam que o comércio de gás seria diferente. Gasodutos eram caros e permanentes. Não podiam ser instalados em um dia e removidos no dia seguinte, nem depender dos caprichos de um líder em particular. Eram necessários contratos de longo prazo, desenvolvidos no interior de uma estrutura de relacionamentos políticos previsíveis.

Para Willy Brandt, na época ministro das Relações Exteriores da Alemanha Ocidental, esses relacionamentos previsíveis representavam grande parte do apelo do projeto. Ele não temia que seu país se tornasse dependente da União Soviética. Ao contrário, urgiu os negociadores a fecharem um acordo mais abrangente. Seu raciocínio era amplamente político: ele acreditava que um relacionamento econômico mutuamente dependente tornaria impensável um futuro conflito militar.[3] Mais tarde, como chanceler, Brandt transformou sua *Ostpolitik* — "política do leste" — em um dos pilares da política externa alemã no pós-guerra. Em anos subsequentes, os gasodutos forneceriam um elo físico entre Moscou e Bonn e, mais tarde, Berlim, Roma, Amsterdã, Helsinque e dezenas de outras cidades europeias. Eles continuaram a ser o centro da política externa alemã mesmo após 1991, quando a União Soviética entrou em colapso e a Alemanha foi reunificada.

Pelo caminho, a *Ostpolitik* também se transformou em teoria de mudança, explicando não meramente como democracias podiam negociar com autocracias, mas também como podiam lenta e sutilmente alterá-las. Egon Bahr, conselheiro de Brandt, descreveu a ideia em um famoso discurso de 1963, chamando o conceito de *Wandel durch Annäherung* (mudança por meio da aproximação). Se o Ocidente pudesse evitar confrontos, engajar-se com o regime alemão oriental e oferecer comércio, em vez de boicotes, argumentou ele, o "afrouxamento das fronteiras" seria possível.[4] Bahr nunca pediu boicotes ou sanções contra os alemães orientais e raras vezes mencionou prisioneiros políticos, embora soubesse de sua existência: a Alemanha Ocidental frequentemente pagava pela libertação dos dissidentes nas prisões da Alemanha Oriental, gastando mais de 3 bilhões de marcos nesse estranho comércio humano nos anos anteriores a 1989.[5] Em vez de falar claramente sobre prisioneiros ou direitos humanos, Bahr empregava o que o escritor Timothy Garton Ash chamou de "imprecisão emotiva", a fim de evitar o assunto.[6]

Nem todo mundo estava tão confiante. Richard Nixon sempre acreditou que o verdadeiro objetivo da União Soviética ao negociar e conversar com Brandt e Bahr era "afastar a Alemanha da Otan".[7] Jimmy Carter, que queria priorizar a promoção dos direitos humanos, e não o comércio, detestava tanto a *Ostpolitik* que impôs um boicote à venda de tecnologias americanas de gasodutos para a Alemanha depois que a União Soviética prendeu dois dissidentes, Aleksandr Ginzburg e Natan Sharanski, em 1978. Helmut Schmidt, o chanceler alemão na época, esbravejou que Carter era um "pregador idealista" que nada sabia sobre a Rússia.[8] A administração Reagan deu um passo além, controlando a exportação de equipamentos após a declaração da lei marcial na Polônia em 1981 e proibindo não só que empresas americanas trabalhassem no gasoduto, mas também que companhias estrangeiras envolvidas no projeto fizessem negócios nos Estados Unidos — o que foram medidas radicais na época.

Nixon, Carter e Reagan não foram motivados pelo despeito nem pelo puro interesse comercial, mas por dúvidas sobre as consequências políticas do comércio com uma autocracia. Embora a Alemanha fosse a principal contratante, o gás beneficiaria muitos países, **tornando toda a Europa potencialmente dependente da boa vontade soviética. E se os gasodutos fossem usados para fazer chantagem? O secretário de Defesa de Reagan, Caspar Weinberger, defendia a** necessidade de limitar "as vantagens econômicas soviéticas sobre o Ocidente".[9]

Subjacente a tudo isso, havia uma questão moral e política mais profunda: o comércio Oriente-Ocidente enriqueceria e empoderaria o Estado soviético e seu império? Desde a Revolução Bolchevique, os objetivos da política externa do Kremlin incluíam explicitamente a subversão das democracias europeias. Durante as décadas de 1970 e 1980, a URSS apoiou grupos terroristas na Alemanha Ocidental e na Itália, ajudou movimentos extremistas em todo o continente e no mundo e suprimiu a oposição política na Europa Oriental, incluindo a Alemanha. Mesmo assim, o gás continuou fluindo para oeste, e o dinheiro, para leste, fornecendo a Moscou fundos que ajudaram a sustentar o mesmo Exército Vermelho que a Otan tinha que estar preparada para enfrentar e a mesma KGB contra a qual competiam os serviços de segurança ocidentais. Se empoderava Moscou, será que esse comércio era realmente benéfico? Quais eram os custos ocultos? Enquanto a União Soviética existiu, esse paradoxo da política norte-americana e europeia nunca foi de fato solucionado, permanecendo presente mesmo após o colapso da URSS.

Na década de 1990, uma era na qual a maioria das pessoas queria gozar dos dividendos da nova paz e passar o resto do tempo conversando sobre programas de televisão, os custos ocultos de qualquer coisa raramente eram mencionados. Essa foi a era de "O fim da história?", de Francis Fukuyama, ensaio publicado em 1989 na *National Interest* que foi amplamente interpretado como uma ingênua e otimista declaração de que "tudo dará certo no melhor dos mundos". *A democracia liberal será vitoriosa, cedo ou tarde todo mundo a desejará e nenhum esforço especial será necessário para promovê-la; seja paciente e os efeitos benéficos do comércio e da globalização farão sua mágica.* O argumento de Fukuyama era mais sutil que isso, mas a versão simplificada se tornou popular porque as pessoas queriam que fosse verdade.

Não há nada de surpreendente nisso: a ideia de que havia algo predeterminado, e mesmo inevitável, na democracia liberal tinha profundo apelo. Ela fazia com que os habitantes das democracias se sentissem virtuosos, uma vez que já viviam na sociedade ideal, e com que os empresários e banqueiros que começavam a expandir seus investimentos na China e no mundo pós-soviético se sentissem melhor. Se os antigos dilemas morais sobre investir em autocracias haviam desaparecido, não havia nada especial que eles precisassem fazer para justificar suas ações.

Foi por volta dessa época que a antiga expressão de Bahr, *Wandel durch Annäherung*, "mudança por meio da aproximação", transformou-se em *Wandel durch Handel*, "mudança por meio do comércio". A rima agradável não somente soava melhor em alemão, como também refletia a realidade. O comércio entre as democracias pós-guerra da Europa Ocidental, na forma de um mercado comum cada vez mais integrado, de fato produziu paz e prosperidade. Após 1990, muitos esperavam que ele também enriquecesse a metade oriental da Europa e a aproximasse, política e culturalmente, da metade ocidental. A *Wandel durch Handel* se tornou popular em parte porque se adequava ao mundo do comércio, mas também porque descrevia a experiência real das pessoas comuns.

Depositou-se tanta confiança na eficácia do comércio que alguns logo se esqueceram das políticas mais duras que também contribuíram para a reunificação europeia. Em 2014, a capital alemã comemorou o 25º aniversário da queda do muro de Berlim, e compareci à celebração formal liderada pela chanceler Angela Merkel. Mikhail Gorbatchóv estava presente, como uma espécie de símbolo da vitória, assim como Lech Wałęsa. Mas o presidente George H. W. Bush, que negociara o fim da União Soviética e o desmantelamento do Império Soviético, mal foi mencionado. Os soldados norte-americanos baseados (como ainda estão) na Alemanha, que durante décadas haviam ajudado a desencorajar ataques soviéticos, tampouco receberam atenção. Violência, soldados, exércitos e, acima de tudo, armas nucleares foram excluídos da história.

Os alemães acreditavam que o comércio e a diplomacia haviam reunificado seu país e que, em algum momento, ajudariam a normalizar as relações entre a Rússia e a Europa. Ao mesmo tempo, e por razões similares, muitos norte-americanos e europeus passaram a acreditar que o comércio levaria harmonia ao Pacífico mediante a integração da China ao mundo democrático. E eles tinham razões para essa esperança: diferentes facções disputavam o poder na China, algumas das quais desejavam reformas liberais. Como escreveu recentemente o historiador Julian Gewirtz, os economistas chineses daquela era mantiveram uma variedade surpreendentemente ampla de contatos com economistas ocidentais, adotando suas análises de mercado e de comércio, assim como seu entendimento dos elos entre o crescimento econômico e a cultura política. Uma China mais liberal, ainda que não exatamente democrática, parecia ao alcance, inclusive para muitos chineses.[10]

Mesmo assim, é notável, em retrospecto, a rapidez com que analistas e líderes ocidentais de todo o espectro político abraçaram o cenário mais otimista. Em 1984, apenas alguns anos após as reformas de Deng Xiaoping, Ronald Reagan visitou a China e declarou, em um discurso positivo e animado, que havia "muito a ser ganho de ambos os lados com a expansão das oportunidades de comércio e relações culturais".[11] Ele tinha certeza de ter visto sinais de uma mudança mais profunda: "A primeira injeção do espírito de livre mercado já avivou a economia chinesa. Acredito que ele também contribuiu para a felicidade humana na China e abriu caminho para uma sociedade mais justa."

Mais de uma década depois, Bill Clinton, presidente de uma geração e de uma persuasão política diferentes, declarou que "a crescente interdependência teria um efeito liberalizante na China

[...] Computadores, internet, máquinas de fax, copiadoras, modems e satélites aumentam a exposição a pessoas, ideias e ao mundo para além das fronteiras chinesas".[12] Em 2000, ao defender a admissão da China na Organização Mundial do Comércio, ele foi ainda mais enfático. "Acredito que é falsa a escolha entre direitos econômicos e direitos humanos, entre segurança econômica e segurança nacional", disse ele aos alunos da Escola de Estudos Internacionais Avançados da Universidade Johns Hopkins. A transcrição registra as reações da plateia:

> "Não há dúvida de que a China tem tentado reprimir a internet." (*Risadinhas.*)
> "Boa sorte!" (*Risos.*)
> "Isso é como tentar pregar gelatina na parede." (*Risos.*)[13]

Em retrospecto, o otimismo de Clinton era extraordinário. "Na economia do conhecimento", disse ele, "goste-se ou não, a inovação econômica e o empoderamento político inevitavelmente caminharão lado a lado." Esse otimismo era amplamente compartilhado. Em 2008, Gerhard Schröder, o chanceler alemão mais ou menos contemporâneo de Clinton, escreveu um artigo intitulado "Por que precisamos de Pequim", elogiando o que via como sinais "de progresso no caminho da China até uma sociedade constitucional, justa e, um dia, tenho certeza, também democrática", e convidando a Alemanha a "ter um diálogo confiante e justo com o país, para que, ao fim do caminho do desenvolvimento, prevaleçam os padrões do Estado de direito, da liberdade e da democracia".[14]

Também havia céticos. Uma ampla coalizão de políticos e sindicalistas tentou impedir a entrada da China na Organização Mundial do Comércio, temendo os efeitos sobre os trabalhadores ocidentais. Outros simplesmente duvidavam que o relacionamento pudesse produzir tudo que prometia. Chris Patten, o último governador britânico de Hong Kong, disse que a Grã-Bretanha estava "se iludindo" ao imaginar que uma China mais rica automaticamente se tornaria uma democracia.[15] Em meio a todas as discussões sobre a China e a Rússia que ocorreram na década de 1990, porém, e a despeito de todo o debate sobre o impacto *econômico* que fronteiras abertas poderiam ter nos mercados ocidentais, quase ninguém falava sobre o impacto *político* nas democracias ocidentais.

Todos presumiam que, em um mundo mais aberto e interconectado, a democracia e as ideias liberais se disseminariam entre os Estados autocráticos. Ninguém imaginava que a autocracia e o iliberalismo se disseminariam no mundo democrático.

A autocracia é um sistema político, um modo de estruturar a sociedade, uma maneira de organizar o poder. Não é um traço genético. Culturas, línguas e religiões particulares não necessariamente a produzem. Nenhuma nação está eternamente condenada à autocracia, assim como nenhuma nação tem garantias democráticas. Os sistemas políticos mudam. No fim da década de 1980, durante a explosão de conversas e debates públicos conhecida como *glasnost*, muitos russos acreditavam que a Rússia podia mudar.

Mais que isso, muitos russos daquela era acreditavam que seu país estava no limiar de uma transformação histórica e positiva, talvez até mesmo democrática liberal. O *Izvestia*,[16] jornal do governo soviético, declarou que "as ideias esmagadas e evisceradas de democracia e liberdade começam a ganhar ímpeto". Andrei Sakharov, médico e dissidente, falou a respeito da "regeneração" da sociedade soviética sobre uma nova fundação moral. Ele acreditava que "mentiras corrompedoras, silêncio e hipocrisia" podiam ser banidos para sempre. E essa não era uma visão somente da elite. Uma pesquisa realizada na URSS em 1989 não encontrou nenhum anseio profundo e atávico por uma ditadura. Ao contrário, nove em cada dez pessoas disseram ser importante que os cidadãos se expressassem "livremente".[17] Eles agiam de acordo com essa crença: no fim da década da 1980, argumentavam sobre tudo. Ainda me lembro de pequenos grupos reunidos em parques públicos, discutindo e debatendo. Todo mundo sentia que algo importante estava acontecendo, e alguns acreditavam que seria algo bom.

Em 1991, quando a União Soviética se desfez, a ideia de *Wandel durch Handel* — "mudança por meio do comércio" — ganhou tração também na Rússia. Os reformadores acreditavam que o engajamento rápido e profundo com o mundo externo ajudaria a destruir o antigo e disfuncional sistema de planejamento central e a criar uma nova ordem política e econômica. "Eu tinha certeza de que teríamos sucesso", afirmou Yegor Gaidar, o economista russo que promoveu a política de "terapia de choque". "Eu sabia que não havia outra maneira, e que adiar seria suicídio para o país."[18] Mas havia quem tivesse planos diferentes.

Entre eles estava Vladimir Putin. Em um curto documentário produzido em fevereiro de 1992, Putin, então vice-prefeito de São Petersburgo, defendeu os pequenos negócios. "A classe empresarial deve se tornar a base do florescimento de nossa sociedade como um todo", disse ele. Com um ar de legítima convicção, ele encorajou os parceiros ocidentais a investirem na indústria russa. Décadas depois, o diretor do documentário, Igor Shadkhan, disse à jornalista Catherine Belton que Putin o "recrutou". Segundo Shadkhan, ele parecia um homem "que levaria o país adiante, que realmente faria algo".[19]

Após ser nomeado presidente, Putin de fato conduziu o país em uma nova direção. Como os economistas liberais, ele queria reformar o sistema econômico e esperava que a Rússia enriquecesse. No entanto, permanecia nostálgico em relação ao império, cujo colapso descreveu como um "desastre geopolítico", e certamente não queria regenerar a sociedade sobre uma nova fundação moral. Karen Dawisha, autora de um dos primeiros livros a descrever em detalhes o projeto político de Putin, observou que muitos, equivocadamente, descreveram a Rússia da década de 1990 como um "sistema democrático incipiente sendo prejudicado pela história, por autocratas acidentais, pela inércia popular, incompetência burocrática ou por conselhos ocidentais ruins". A real história daquela década foi muito diferente: "Desde o início, Putin e seu círculo buscaram criar um regime autoritário governado por um grupo unido [...] que usou a democracia como decoração, não direção."[20]

O Estado que finalmente emergiu na primeira década do século XXI já não era uma superpotência, mas permanecia influente, mais do que muitos perceberam na época, como modelo e inspiração para outras ditaduras. A Rússia de Putin não era um Estado totalitário antiquado, isolado e autárquico. Tampouco era uma ditadura pobre, totalmente dependente de doadores estrangeiros. Ela representava algo novo: uma cleptocracia autocrática, um Estado mafioso gerido inteiramente com o propósito de enriquecer seus líderes.

Esse projeto foi iniciado muito antes de a maioria se dar conta. O primeiro vislumbre da ideia provavelmente emergiu na sede da KGB em Dresden, onde Putin serviu na década de 1980 e onde equipes da KGB e da Stasi já vinham construindo uma rede de espiões, refúgios e contas bancárias secretas.[21] Elas não estavam sozinhas: o "capitalismo" russo foi, desde o início, projetado para favorecer pessoas bem informadas que sabiam como extrair e esconder dinheiro no exterior. Nenhum "campo de jogo nivelado" foi criado na Rússia, e o poder dos mercados competitivos jamais foi liberado. Ninguém enriqueceu construindo uma ratoeira melhor. Aqueles que obtiveram sucesso o fizeram graças a favores concedidos pelo Estado — ou roubados dele. Estes foram os verdadeiros beneficiários do sistema: os oligarcas cujas fortunas dependiam de conexões políticas.

Em 1992, o ano em que Shadkhan entrevistou o futuro presidente russo, Putin já era o executor e provavelmente o maior beneficiário de um esquema projetado para roubar dinheiro da cidade de São Petersburgo. A fraude inicial já foi investigada e descrita muitas vezes — na Rússia, a princípio, pelo Conselho Municipal de São Petersburgo; fora da Rússia, por Dawisha, Belton, Masha Gessen e outros —, e era relativamente simples. No cargo de vice-prefeito, Putin emitia licenças de exportação para matérias-primas como óleo diesel, cimento e fertilizantes. Esses carregamentos, obtidos a preços baixos e controlados na Rússia, deviam ser vendidos a preços mais altos no exterior, a fim de comprar alimentos. As mercadorias realmente foram vendidas, mas o dinheiro desapareceu, enviado para as contas bancárias de um obscuro grupo de empresas pertencentes a amigos e colegas de Putin.[22]

Esquemas mais complexos logo se seguiram. Eles envolviam propriedades na Rússia, empresas de fachada na Espanha, joint-ventures russo-finlandesas, intermediários alemães e contas bancárias em muitos países, algumas provavelmente criadas anos antes. Como a fraude dos alimentos em São Petersburgo, a história desses investimentos e esquemas já foi contada, mas em geral enfatizando as vítimas e os atores russos. Eu gostaria de chamar atenção para um aspecto da história de origem de Putin que é mencionado com menos frequência: o papel de advogados, políticos, instituições e empresas ocidentais legítimas que facilitaram esses esquemas, lucraram com eles ou os ocultaram. O vice-prefeito de São Petersburgo fez fortuna graças a empresas ocidentais que compraram as mercadorias que ele exportava, a reguladores ocidentais que não se incomodaram com contratos ruins e a bancos ocidentais estranhamente pouco curiosos sobre os novos fluxos de dinheiro em suas contas.

O mesmo se aplica a outro famoso esquema também datado de 1992, ano em que Putin e um grupo de colegas e sócios na Rússia, na Alemanha e em Liechtenstein registraram a St. Petersburg Real Estate Holding Company em Frankfurt. Em 1998, a empresa abriu seu capital na bolsa de valores local, listando Putin como membro do conselho consultivo. Em 1999, o Serviço Federal de Inteligência da Alemanha publicou um relatório alegando que a empresa estava lavando dinheiro russo e dinheiro internacional do tráfico de drogas. Em 2000, logo após a posse de Putin como presidente, a polícia de Liechtenstein prendeu Rudolf Ritter, um de seus sócios originais. Nesse ponto, a investigação pareceu desacelerar. Foi somente em 2003 que a polícia finalmente realizou buscas nos 27 escritórios e bancos ligados à St. Petersburg Real Estate Holding Company na Alemanha. Não foi feita nenhuma acusação contra Putin.[23]

Do início ao fim dessa história, a cooperação do Ocidente foi essencial. A operação de lavagem de dinheiro exigiu a participação, entre muitos outros, de Ritter, que era irmão do ministro da Economia de Liechtenstein; de outros associados na Alemanha e em Liechtenstein, com seus advogados e contadores; dos funcionários da bolsa de valores de Frankfurt; e até mesmo do chanceler alemão, Gerhard Schröder — o mesmo que estava tão certo de que o comércio levaria mudanças políticas à China. Ao que parece (embora ele tenha negado), Schröder manteve Putin informado sobre a investigação, em nome da paz, da prosperidade e da *Wandel durch Handel*.[24]

O sistema político que se tornou a Rússia putinista foi produto de dois mundos: o da KGB, com sua grande perícia em lavagem de dinheiro, acumulada durante os anos financiando terroristas e agentes adormecidos, e o igualmente cínico e amoral mundo das finanças internacionais. Ao mesmo tempo que líderes políticos do Ocidente falavam sobre "democracia" e "Estado de direito", empresas e instituições ocidentais ajudavam a construir autocracia e ilegalidade, e não somente na Rússia. Antes de os britânicos devolverem Hong Kong à China, alguns empresários estrangeiros se mostraram pouco entusiasmados com as reformas democráticas na colônia, uma vez que esperavam estabelecer um relacionamento com o novo regime. Chris Patten afirmou que até mesmo alguns funcionários públicos britânicos agiram dessa maneira.

Quando se tornou presidente, Putin conhecia bem o sistema de dois pesos e duas medidas das democracias ocidentais, que pregavam valores liberais em solo doméstico, mas ajudavam a construir regimes iliberais no exterior. Em sua primeira década no cargo, ele fez o mesmo, empregando os slogans da democracia enquanto construía o que por fim se tornaria uma ditadura. Em um discurso à nação feito em 2000, declarou que "somente um Estado democrático é capaz de garantir o equilíbrio de interesses entre o indivíduo e a sociedade, combinando iniciativa privada e objetivos nacionais".[25] Em 2002, ele disse que um Estado democrático deve ser regido pelo "primado da lei e por eleições livres, e priorizar os direitos humanos".[26]

Mas, embora a Rússia devesse *parecer* uma democracia, ao menos o bastante para enganar os investidores estrangeiros, não havia vitoriosos acidentais nas eleições russas, porque não havia candidatos acidentais. A ilusão de escolha era cuidadosamente preservada por meio da emergência de oponentes sancionados pelo regime, que jamais desafiavam o *status quo*. Nesse ínterim, oponentes genuínos do Kremlin eram espancados durante manifestações, presos, perseguidos e insultados. Em 2013, Alexei Navalni, que acabou se tornando o crítico mais efetivo de Putin, teve permissão para concorrer ao cargo de prefeito de Moscou a fim de conceder um verniz de legitimidade à corrida eleitoral, mas atraiu demasiado apoio. Durante a campanha, foi falsamente acusado de corrupção e condenado à prisão domiciliar.

O capitalismo russo não era diferente. Os bancos pareciam bancos, mas não eram; eram somente operações de lavagem de dinheiro. As empresas pareciam empresas, mas também podiam ser de fachada, estruturadas para que os ricos desviassem dinheiro do Estado. Mesmo no caso de empresas reais, o mercado operava dentro de certos limites: se o Kremlin decidisse destruir uma companhia, ele podia fazer isso — e, às vezes, de fato fazia. Em 2004, Mikhail Khodorkovski, presidente da petrolífera Yukos e, na época, o homem mais rico da Rússia, foi sentenciado à prisão. Ele passou a década seguinte em um campo de trabalhos forçados. A Yukos foi levada à falência e vendida em leilão para um comprador até então desconhecido cuja empresa tinha o mesmo endereço de uma loja de celulares na cidade de Tver, a noroeste de Moscou. Alguns dias depois, a misteriosa empresa vendeu a Yukos para a Rosneft, uma petrolífera cujo maior acionista era o governo russo. O CEO da Rosneft era o vice-chefe de gabinete de Putin.

No momento certo, a Rosneft foi lançada na bolsa de valores de Londres, apoiada por alguns dos mais prestigiados nomes do mundo financeiro. Com quase três quartos dos 80 bilhões de dólares de valor declarado da Rosneft sendo ativos roubados, o ABN AMRO Rothschild, o Dresdner Kleinwort Wasserstein, o J. P. Morgan e o Morgan Stanley — juntamente com os escritórios Linklaters (advogados da Rosneft) e Ernst & Young (contadores da Rosneft) — tiveram que deixar as circunstâncias muito claras. "O crime e a corrupção podem criar um clima empresarial difícil na Rússia", comentava o prospecto. No caso de alguém ainda ter dúvidas sobre quem era o dono da empresa, o prospecto também declarava que o controle acionário continuaria nas mãos de oficiais governamentais, pessoas "cujos interesses podem não coincidir com os dos demais acionistas [...] e fazer com que a Rosneft se engaje em práticas comerciais que não maximizem o valor acionário".[27] De qualquer forma, acredita-se que essas empresas lucraram mais de 100 milhões de dólares com o lançamento.

Devidamente alertados, os investidores de Londres compraram ações mesmo assim. Logo após o lançamento, em julho de 2006, o G8 — o grupo original das sete democracias mais ricas do mundo, o G7, mais a Rússia — se reuniu em um palácio tsarista luxuosamente reformado perto de São Petersburgo. Putin foi o anfitrião. Em uma entrevista coletiva realizada durante a cúpula, ele declarou que todo seu trabalho tinha o propósito de tornar "o processo de democratização e a economia de mercado irreversíveis na Federação Russa, além de criar as condições necessárias para que o povo russo tenha liberdade de escolha".[28]

Putin sem dúvida sabia que isso não era verdade, assim como os jornalistas na plateia, e muito provavelmente os outros presidentes e primeiros-ministros presentes na cúpula. Mesmo assim, ninguém objetou, até porque muitos habitantes do mundo democrático lucravam com o mesmo sistema.

Em 2010, as coisas começaram a dar errado na aciaria de Warren, Ohio, uma cidade do Cinturão da Ferrugem que mais tarde votaria duas vezes em Donald Trump. Um equipamento de resfriamento começou a vazar, e o operador da fornalha não viu o problema a tempo; a água atingiu o aço derretido, levando a uma explosão que enviou trabalhadores para o hospital com queimaduras e outros ferimentos. Um ano depois, outra explosão causou mais uma série de desastres. Uma investigação federal descobriu dezenas de violações de segurança. "Eles faziam gambiarra", disse um funcionário. "Tinham uma equipe desfalcada. Não contratavam mais pessoal." Alguns anos depois, a aciaria interrompeu suas operações. Em janeiro de 2016, fechou as portas definitivamente. Cerca de duzentas pessoas perderam o emprego.

Eis como Casey Michel, autor de *American Kleptocracy* [Cleptocracia americana], descreveu a Warren Steel em 2021:

> Há buracos cavernosos no revestimento, com a tinta amarela e azul descascando e revelando manchas de ferrugem e lama. Há mato no terreno e vidros quebrados nas jane-

las. Os armários foram amassados e os escritórios revirados, não se sabe se por saqueadores ou ex-funcionários. A aciaria parece pertencer a um futuro distópico — ou a certas partes da antiga União Soviética.[29]

Michel escolheu bem as palavras, porque a aciaria na verdade *pertencia* "a certas partes da antiga União Soviética". Quando fechou as portas, a Warren Steel era propriedade de Ihor Kolomoisky, um oligarca ucraniano que enriquecera na época em que a Ucrânia, a exemplo de grande parte do mundo pós-soviético, seguia a Rússia na direção da ditadura e da cleptocracia. De acordo com o Departamento de Justiça dos Estados Unidos, Kolomoisky comprou a aciaria, juntamente com outras propriedades no meio-oeste, por um total de centenas de milhares de dólares, como parte da operação de lavagem de dinheiro conectada à fraude do PrivatBank, um banco de varejo da Ucrânia.[30] É muito provável que o oligarca tenha precisado mover o dinheiro obtido ilegalmente para algo "real" a fim de esconder sua origem (e talvez para usar as propriedades como garantia em empréstimos legítimos). Kolomoisky também pode ter achado que as cidades e fábricas do Cinturão da Ferrugem estavam tão desesperadas que a origem do dinheiro seria ignorada.

E talvez ele estivesse certo. Durante décadas, os agentes imobiliários americanos não precisaram examinar a fonte de financiamento de seus clientes do modo como banqueiros e outros executivos faziam.[31] É possível, tanto nos Estados Unidos quanto em muitos países europeus, comprar propriedades anonimamente, por intermédio de empresas de fachada. Uma em cada cinco unidades nos edifícios Trump pertence a proprietários anônimos, só para citar um exemplo relevante.[32] Talvez nem todos esses proprietários misteriosos estejam lavando dinheiro, mas, se estiverem, jamais saberemos. Ao menos treze pessoas com elos supostos ou comprovados com a máfia russa possuíam ou faziam negócios em unidades da marca Trump. Mesmo assim, enquanto ele presidiu os Estados Unidos, empresas com donos misteriosos ainda compravam unidades em seus edifícios; jamais saberemos se era uma forma de contribuição para a campanha.

Durante a década de compras desvairadas de Kolomoisky, de 2006 a 2016, empresas ligadas a ele adquiriram meia dúzia de aciarias, quatro prédios comerciais, um hotel e um centro de conferências em Cleveland, um estacionamento em Dallas e uma fábrica desativada da Motorola perto de Chicago. Mas poucas pessoas que viviam ou trabalhavam nessas propriedades faziam ideia de quem ele era ou sabiam que o dinheiro viera originalmente do PrivatBank, porque ele chegava ao meio-oeste por meio de empresas de fachada no Chipre, nas Ilhas Virgens Britânicas e em Delaware, com a assistência do braço norte-americano do Deutsche Bank, percorrendo a mesma rota feita pelo dinheiro russo, cazaque, azeri, chinês, angolano ou venezuelano, que também sai de autocracias cleptocráticas e entra em mercados e instituições financeiras da América do Norte e da Europa. Kolomoisky, que nega ter feito qualquer coisa errada (e ainda disputa a nacionalização do PrivatBank em tribunais ucranianos e europeus), dificilmente é um nome conhecido em Cleveland.[33]

Na verdade, seu esquema foi desmantelado não por uma investigação norte-americana, mas pela Euromaidan, revolução ocorrida em 2014, na Ucrânia — a mesma manifestação de rua que persuadiu o presidente pró-russo Víktor Ianukóvitch a fugir do país. Os manifestantes que foram à praça central de Kiev pediam democracia e o fim da grande corrupção que engolfara seu país. Os dois presidentes que se seguiram, Petro Poroshenko e Volodymyr Zelensky, tentaram levar a Ucrânia por um caminho diferente, entre outras coisas investigando o PrivatBank. No entanto, embora seus esforços tenham recebido muita atenção e justificado criticismo, o mesmo não pode ser dito dos norte-americanos que participaram da aventura de Kolomoisky nos EUA.

Na verdade, quando condenam a corrupção russa, ucraniana ou pós-soviética, os norte-americanos raramente reconhecem o papel que foi e ainda é desempenhado por seus compatriotas. Chaim Schochet, de Miami, tinha 23 anos quando começou a comprar imóveis em Cleveland em nome de Kolomoisky. Mordechai Korf, outro empresário de Miami, tornou-se CEO da Optima Specialty Steel, a empresa que possuía propriedades industriais nos Estados Unidos compradas com dinheiro de Kolomoisky. Tanto Korf quanto Schochet contrataram os serviços do advogado norte-americano Marc Kasowitz, que também representou Donald Trump durante a investigação de seus elos com a Rússia, entre outras batalhas legais. Como representante dos dois, Kasowitz afirmou que Korf e Schochet não tinham conhecimento de nenhum ato ilegal praticado por Kolomoisky.

O suposto esquema levou muito tempo para ser desmascarado, em parte porque muitos dos investimentos não faziam sentido para ninguém habituado a comprar propriedades para reformá-las e obter lucro. O esquema, como as vendas de Trump para clientes misteriosos, só faz sentido no mundo arcano da cleptocracia internacional, um universo alternativo cujas regras são tão claramente diferentes das regras da economia cotidiana que os observadores inventaram nomes especiais para ele. O jornalista britânico Oliver Bullough o chamou de "Moneyland", ou "Dinheirolândia", título de seu livro publicado em 2019. Já Tom Burgis, repórter investigativo do *Financial Times*, o chamou de "Kleptopia", ou "Cleptopia", título de seu livro publicado em 2020. Eles e outros demonstraram repetidamente que esse domínio separado, criado pelo mundo autocrático e pela comunidade financeira internacional, é muito amplo e muito rico. Empresas de fachada que pertencem a proprietários anônimos e fundos em paraísos fiscais como Jersey e as Ilhas Cayman escondem o que pode chegar a 10% do PIB global. Trata-se de dinheiro ganho em operações de narcóticos, escondido das autoridades fiscais ou, no caso de Kolomoisky, supostamente roubado dos ucranianos. Nesse mundo, o roubo é recompensado. Impostos não são pagos. As agências da lei são impotentes e subfinanciadas. A regulamentação é algo a ser evitado.

A maioria dos cidadãos nas democracias do mundo tem uma vaga consciência desse universo alternativo, mas imagina que ele só exista em países distantes ou em ilhas tropicais exóticas. Eles estão errados. Em outubro de 2021, o Consórcio Internacional de Jornalistas Investigativos, uma organização sem fins lucrativos que reúne jornais de todo o mundo, publicou trechos dos Pandora Papers, documentos detalhando as operações de paraísos fiscais e as pessoas que mantêm seu dinheiro nesses lugares. Entre outras coisas, os registros deixaram claro quanto tráfego clandestino passa não somente pelo Caribe, mas também pelos Estados Unidos e pela Grã-Bretanha. Nigerianos ricos secretamente possuem propriedades britânicas no valor de 350 milhões de libras. O rei da Jordânia usou empresas de fachada para comprar legalmente casas em Londres e Ascot, na Inglaterra. A investigação do consórcio também mostrou, pela primeira vez de maneira tão acessível, como Delaware, Nevada, Dakota do Sul e Wyoming — estados norte-americanos agradáveis e normais, cheios de cidadãos agradáveis e normais — criaram instrumentos financeiros que investidores sem nome podem usar para esconder seu dinheiro do mundo.

Eles com frequência fazem isso se mudando para lugares perfeitamente comuns, onde ninguém espera encontrá-los. Em 2016, visitei amigos em Bramley, Hampshire, um vilarejo rural com um pub, uma igreja medieval, gramados verdes e uma grande propriedade chamada Beaurepaire Park, comprada recentemente por Elena

Baturina, esposa de Iúri Lujkov, ex-prefeito de Moscou. Intrigada ao saber que a única bilionária russa havia decidido experimentar a vida rural inglesa, procurei a casa no Registro Britânico de Terras. Embora o preço de compra estivesse registrado — 5,5 milhões de libras, ou cerca de 8 milhões de dólares —, não encontrei nomes russos. A proprietária era a Skymist Holdings Limited, a mesma obscura empresa que pagara pela extensa reforma. Se não soubesse que o ex-prefeito tinha sido visto no pub (e se seu advogado não tivesse escrito uma carta ameaçadora quando mencionei a compra no *Washington Post*), eu jamais saberia com certeza que identidade a Skymist Holdings Limited escondia.

Igualmente difícil de entender para os residentes de pequenos vilarejos ingleses e empobrecidas cidades industriais nos Estados Unidos é o fato de que os novos clientes, vizinhos ou proprietários que injetam dinheiro em suas comunidades podem estar fazendo isso por causa de suas conexões com um Estado que pratica repressão e violência política. Para permanecer no poder, os autocratas modernos precisam ser capazes de esconder dinheiro sem se preocupar com instituições políticas que encorajam a transparência, a prestação de contas ou o debate público. O dinheiro, por sua vez, ajuda-os a reforçar os instrumentos de repressão. É por isso, além de seus desvairados sonhos históricos, que Putin odeia o ativismo democrático ucraniano e ficou tão furioso com a revolução ucraniana de 2014: se um movimento similar chegar ao poder na Rússia, ele será o primeiro a ir para a cadeia.

Cleptocracia e autocracia caminham de mãos dadas, reforçando-se mutuamente, mas minando qualquer outra instituição que toquem. Os agentes imobiliários que não fazem muitas perguntas em Sussex ou Hampshire, os donos de fábrica ávidos para se livrar de negócios fracassados em Warren, os banqueiros em Sioux Falls que ficam felizes em aceitar depósitos de clientes misteriosos —

todos ajudam a minar o Estado de direito em seus próprios países e no mundo. A globalização das finanças, a pletora de esconderijos e a tolerância benigna demonstrada pelas democracias em relação à corrupção estrangeira agora dão aos autocratas oportunidades que poucos teriam imaginado há algumas décadas.

2. A metástase da cleptocracia

O presidente Hugo Chávez chegou ao poder em 1998, após uma estridente campanha defendendo a mudança. Ele queria mudar a constituição e até mesmo o nome do país, e prometeu que a nova República Bolivariana da Venezuela seria radicalmente diferente da República da Venezuela criada em 1958 — à época o país mais rico e uma das democracias mais fortes da América do Sul. Contudo, a Venezuela tinha petróleo, e, como muitos Estados petrolíferos, tornara-se corrupta e nepotista da maneira "tradicional", antiquada. Políticos às vezes eram subornados; em troca, ofereciam bons negócios a amigos. Na década de 1990, quando os preços do petróleo caíram, esses acordos geraram muita raiva. Chávez, um tenente-coronel do Exército venezuelano que tentara dar um golpe de Estado em 1992, reconheceu essa raiva e a usou. Quando foi liberto da prisão, ele se apresentou como candidato contra a corrupção e venceu.

Um ano depois — quando ainda era percebido como um agente de reforma —, o novo presidente recebeu seu chefe de segurança, Jesús Urdaneta, para uma reunião. Os dois haviam se conhecido como jovens cadetes. Juntos, haviam planejado o golpe de 1992. Juntos, haviam sido presos quando o golpe fracassara.

Considerado um membro do círculo íntimo de Chávez, Urdaneta o procurara porque tinha evidências de que o novo e supostamente revolucionário governo começava a empregar práticas corruptas. Ele disse ao presidente que vários membros da alta hierarquia tiravam proveito de contratos governamentais, incluindo o contrato de impressão da nova constituição. De acordo com seu relato anos depois, Urdaneta urgiu Chávez a pôr fim a tal comportamento. Se não o fizesse, ele se espalharia.

Chávez ouviu, mas não respondeu. Algumas semanas depois, pediu abruptamente a demissão de Urdaneta. A Suprema Corte da Venezuela anulou todas as investigações de corrupção.[1] Como previra Urdaneta, a elite governante recebeu a mensagem: *"Se for leal, você pode roubar."*

Como Putin, Chávez fez uma escolha. Ninguém o forçou a transformar a Venezuela em uma cleptocracia, e seu próprio chefe de inteligência ficou surpreso quando ele fez isso. Chávez tampouco foi compelido a aceitar práticas cleptocráticas em razão de cultura, história ou precedentes. Muito pelo contrário: se ele tivesse se aliado a Urdaneta e criado expectativas de probidade no setor público, sua popularidade teria aumentado. Seu regime teria tido mais chances de melhorar a vida das pessoas, que era o que ele dizia querer fazer. Em vez disso, como Putin, Chávez fez um cálculo político diferente, com o objetivo não de criar prosperidade no país, mas de se manter permanentemente no poder. Ele apostou que oficiais corruptos seriam mais maleáveis que oficiais honestos, e tinha razão.

Nos anos que se seguiram, seus assecas apoiaram a iniciativa de eliminar todas as formas de prestação de contas e transparência, porque fazer isso tanto os ajudava a permanecer no poder quanto os protegia do escrutínio. Como Putin, Chávez lentamente destruiu as instituições democráticas da Venezuela — a imprensa, os tribunais, o serviço público, várias ouvidorias —, ao mesmo tempo que proclamava sua crença na democracia. E seus apoiadores aceitaram isso. Com o tempo, o próprio Estado começou a agir como um sindicato criminoso, um parasita roubando recursos do hospedeiro. Funcionários públicos, cúmplices no processo, adotaram a política da *omertà*: permanecer em silêncio. Como todos estavam descumprindo a lei, ninguém queria falar sobre ela.

Para os oficiais participantes, as benesses foram extraordinárias. Durante os catorze anos em que Chávez esteve no poder, a Venezuela obteve uma receita de quase 800 bilhões de dólares com a exportação de petróleo.[2] Grande parte desse dinheiro de fato financiou programas de bem-estar social, os mesmos que persuadiram admiradores estrangeiros a verem o presidente venezuelano como um herói progressista. No entanto, centenas de bilhões de dólares da Petróleos de Venezuela S.A. (PDVSA), a petrolífera estatal, assim como de outras empresas públicas, foram parar em contas bancárias ao redor do mundo. Em 2017, investigadores descobriram que gestores da PDVSA haviam escondido milhões de dólares roubados em um banco português, o Espírito Santo.[3] Uma investigação de 2021 mostrou que bancos suíços escondiam 10 bilhões de dólares desviados de bancos estatais, companhias de energia e outras entidades públicas.[4] No mesmo ano, jornalistas revelaram uma fraude de 2 bilhões de dólares na petrolífera estatal, enviados ao principado de Andorra.[5] Presume-se que outros esquemas, impossíveis de descobrir, tenham ocorrido em paraísos fiscais. A Transparency Venezuela, uma organização sem fins lucrativos que monitora a corrupção, documentou 127 casos de corrupção em larga escala somente na PDVSA, incluindo 17 que podem chegar a 1 bilhão de dólares.[6]

O roubo da indústria petrolífera não foi a única fonte ilícita de renda dos privilegiados do regime. Ainda mais importante era uma forma de corrupção que não existira na mesma escala no passado: a manipulação do câmbio, criada pelo bizantino sistema estatal de preços em múltiplas moedas. Inicialmente, essas oportunidades estavam abertas a todos. Jovens venezuelanos no exterior podiam pedir um auxílio mensal na forma de dólares baratos, a fim de serem usados para pagar seus estudos. Milhares de jovens de classe média descobriram como explorar o sistema, produzindo uma explosão de venezuelanos em escolas de língua inglesa em torno de Dublin. Eles estavam lá para beber Guinness, aprender algumas frases e aproveitar o máximo possível as taxas artificiais de câmbio.

Outros jamais deixaram a Venezuela, pagando escolas inescrupulosas para produzirem documentos sugerindo que haviam estudado no exterior. Dólares baratos podiam ser trocados no mercado clandestino por muito mais bolívares venezuelanos do que custara para comprá-los, permitindo ao aluno lucrar alguns milhares de dólares. O jornalista Francisco Toro chama essa fraude em massa de "democratização da cleptocracia",[7] embora, é claro, houvesse fraudadores maiores. Os realmente bem-conectados descobriram como reivindicar centenas ou milhões de dólares para importar peças de reposição, suprimentos médicos, equipamentos de telecomunicação, produtos químicos e computadores. Se a Venezuela precisava importar algo, havia alguém gerando documentação falsa e obtendo lucros discretos apenas para desbloquear o acesso à moeda barata.

Ninguém realmente sabe quanto foi perdido. Em 2020, em Caracas, eu estava em uma sala cheia de pessoas debatendo exatamente quanto dinheiro o regime roubara — *200 bilhões? 600 bilhões?* A adivinhação também é um jogo de salão em Moscou. Jorge Giordani, um economista marxista que foi ministro da Economia e das Finanças de Chávez, estimou o total roubado até 2013, o ano em que Chávez morreu, em 300 bilhões de dólares.[8] A perda é visível no cenário de Caracas. Espalhados pela capital venezuelana, incontáveis edifícios residenciais novos e, ao que parece, totalmente vazios devem sua existência à lavagem de dinheiro. Sem ter onde empregar o dinheiro ilícito, as pessoas o guardam na forma de vidro e concreto, esperando que algum dia o preço dos imóveis volte a subir. O impacto no cenário vai além de Caracas: um tribunal de Miami acusou uma rede de oficiais venezuelanos de lavar 1,2 bilhão de dólares em imóveis e ativos diversos na Flórida e em outros locais.[9] A investigação desse e de outros casos envolve agências legais do mundo todo.[10]

Durante muito tempo, o Estado venezuelano escondeu esses golpes não somente da lei, mas também do tribunal da opinião pública. Tendo aprendido com a campanha de Putin para convencer o mundo de que acreditava na democracia, Chávez persuadiu pessoas dentro e fora do país de que sua revolução bolivariana era boa para as pessoas comuns, especialmente as pobres. Ele atraiu celebridades e admiradores, sobretudo na esquerda europeia. Em 2007, Hans Modrow, o último primeiro-ministro comunista da Alemanha Oriental, me disse que o "socialismo bolivariano" de Chávez representava sua maior esperança: ele imaginava que as mesmas ideias marxistas que haviam levado a Alemanha Oriental ao colapso poderiam enfim produzir prosperidade na América Latina. Jeremy Corbyn, o líder de extrema esquerda do Partido Trabalhista britânico, gabou-se de suas reuniões com Chávez e certa vez descreveu o regime venezuelano como "inspiração para todos que lutam contra a austeridade e a economia neoliberal".[11]

Esses admiradores foram atraídos pelo antiamericanismo, o neomarxismo e o extravagante populismo de Chávez, todas imagens criadas pela propaganda. Talvez alguns não soubessem sobre a corrupção. Ou, se sabiam, não ligavam. Eles ignoraram a corrupção e minimizaram sua importância, ao menos até que ela destruiu toda a economia.

O declínio começou com o petróleo. O primeiro golpe veio em 2002-3, quando Chávez gerou caos na indústria petrolífera ao demitir 19 mil trabalhadores em greve, substituindo especialistas por assecla.[12] Mais tarde, o preço do petróleo caiu; em seguida, a administração Trump impôs sanções à PDVSA, o que acelerou seu colapso. Mais ou menos na mesma época, graças às fraudes cambiais, a Venezuela começou a sofrer uma escassez crítica de tudo. Bilhões (ou talvez dezenas de bilhões) de dólares em fundos estatais sumiram, a moeda estrangeira do país foi desviada para contas privadas no exterior, a hiperinflação acelerou e os bens importados desapareceram.

Eles acabaram retornando, mas somente para alguns. Quando estava em Caracas em 2020, vi lojas onde pessoas com acesso a dólares podiam comprar cereal Cheerios e ketchup Heinz. Enquanto isso, as que não tinham dólares enfrentavam fome e desnutrição. A organização católica Caritas estimou em 2019 que 78% dos venezuelanos comiam menos do que estavam acostumados e 41% passavam dias sem comer. Os médicos sofriam pressão para não listar a desnutrição como causa de doenças ou morte. Susana Raffalli, uma renomada especialista em segurança alimentar, contou ter participado de uma cena extraordinária em um hospital: os pais de uma criança que morrera de fome tentaram lhe entregar o corpo, pois temiam que os oficiais o escondessem. Ela também visitou uma região rural onde as crianças saíam da escola ao meio-dia para caçar pássaros e iguanas para o almoço.

A corrupção, como se viu, não foi um efeito colateral menor da revolução bolivariana. Ela estava no âmago da autocracia que substituíra a democracia, e os venezuelanos sabiam disso. Foi por essa razão que, nos meses após a morte de Chávez em 2013 e a posse de Nicolás Maduro como presidente, houve uma série de poderosas manifestações no país. Parecia que seria o fim do regime, e muitos esperavam que fosse. Em vez disso, a Autocracia S.A. decidiu intervir.

Como um Estado desgarrado sobrevive às sanções? Novas fontes de financiamento podem ajudar: tráfico de drogas, mineração ilegal, extorsão, sequestro, contrabando de gasolina. Em vários momentos, diferentes membros da elite venezuelana tentaram todas essas alternativas. Generais, ex-ministros e oficiais dos serviços de segurança foram investigados e condenados por contrabandear cocaína.[13] A fronteira entre a Colômbia e a Venezuela está repleta de minas de ouro ilegais e sem regulamentação.[14] O sequestro ainda é um risco conhecido do trajeto entre o aeroporto e o centro de Caracas. Meus amigos me aconselharam a chegar de dia.

Contudo, um Estado-membro da Autocracia S.A. tem outras opções. Ele conta com amigos e parceiros comerciais em outros Estados sancionados, e empresas que não se incomodam com a corrupção, encorajando-a e participando ativamente. Ao mesmo tempo que empresas norte-americanas, sul-americanas e europeias saíam da Venezuela, assustadas com a instabilidade e os riscos, empresas russas, agindo em seu próprio nome e em nome do Estado, chegaram para substituí-las. Rosneft, Gazprom, Lukoil e TNK-BP (uma joint-venture russo-britânica) investiram no petróleo, na agricultura e mesmo na indústria venezuelana. As exportações subsidiadas de grãos russos para a Venezuela aumentaram, substituindo aquelas que vinham dos Estados Unidos e do Canadá. A gasolina exportada da Rússia se tornou a única disponível. Armamentos no valor de 4 bilhões de dólares também chegaram a Caracas, incluindo 100 mil fuzis Kalashnikov, 24 caças e 50 helicópteros.

Quando as instituições internacionais deixaram de conceder empréstimos à Venezuela, a China as substituiu. Na época, os chineses emprestavam dinheiro de forma incondicional, sem exigir reformas econômicas. Isso permitiu que Chávez e seu sucessor Maduro adiassem qualquer medida de responsabilidade financeira e continuassem a implementar políticas que acabaram por destruir a economia venezuelana. Em 2013 ou 2014, os chineses enfim perceberam que parte dos 30 bilhões de dólares que haviam emprestado jamais seria recuperada, e que a incrivelmente cara ferrovia de alta velocidade que haviam financiado nas esparsamente povoadas planícies do sul jamais seria concluída.[15] Os construtores venezuelanos assinavam contratos e simplesmente desapareciam com o dinheiro.

Como essa forma de corrupção aparentemente era novidade até para os investidores chineses, eles começaram a pedir novas políticas. Em certo momento, alguns oficiais do país asiático, por fim compreendendo a importância da governança, mantiveram conversas clandestinas com a oposição venezuelana. Sua preocupação, porém, jamais os impediu de vender tecnologia de vigilância, equipamentos de controle de multidões e parafernália antitumulto para o governo de Maduro, juntamente com canhões d'água, granadas de gás lacrimogêneo e enormes muros móveis capazes de impedir as pessoas de se unirem às multidões — todas ferramentas destinadas a impedir que a oposição ganhe poder.

Assim como a China, Cuba tinha razões tanto financeiras quanto ideológicas para apoiar a Venezuela. Desde o início do governo de Chávez, os dois países se viram unidos por uma agenda antiamericana comum. A Venezuela abastecia Cuba com petróleo subsidiado. Em troca, o governo cubano fornecia soldados, policiais e especialistas em segurança e inteligência — para substituir os venezuelanos em quem Chávez não confiava —, além de técnicos esportivos, médicos e enfermeiros. Espiões cubanos ainda ajudam o regime venezuelano a suprimir a dissensão que surge periodicamente nas Forças Armadas (as famílias dos soldados também são afetadas pela falta de comida e pelo descontentamento geral), e os cubanos ensinaram ao regime venezuelano como usar a escassez em benefício próprio, distribuindo alimentos racionados a seus apoiadores e punindo os oponentes com a não distribuição. A fome e a desnutrição, como aprenderam os cubanos, também podem ser ferramentas políticas.

O caloroso relacionamento entre a Venezuela e a Turquia, por sua vez, parece ter evoluído não a partir da ideologia, mas de laços pessoais entre Recep Tayyip Erdoğan, o presidente turco, e Maduro. Os dois compartilham a aversão pela democracia e pelos movimentos anticorrupção em seus países, além da sensação de serem "desrespeitados" pelas democracias estabelecidas. Em uma visita a Caracas em 2018, Erdoğan declarou que ele e Maduro eram com frequência insultados: "Eles às vezes nos chamam de sultão ou ditador [...] Não damos importância."[16] Isso selou a amizade: a Venezuela evita as sanções e exporta ouro para a Turquia e, em troca, recebe alimentos.

Mesmo assim, nenhum dos relacionamentos externos da Venezuela é mais improvável que seus profundos laços com o Irã. Os dois países têm muito pouco em comum em termos históricos, geográficos ou ideológicos. A República Islâmica é uma teocracia, enquanto a República Bolivariana supostamente promove o internacionalismo de esquerda. O que as une é o petróleo, o antiamericanismo, a oposição a seus próprios movimentos democráticos e a necessidade de dominar a obscura arte de escapar das sanções. Se a maioria dos países se relaciona com base no comércio ou na simpatia, a Venezuela e o Irã se relacionam com base nas queixas comuns e no interesse pela venda clandestina de petróleo.

Desde 2000, o Irã ampliou sistematicamente seu auxílio a Chávez e, depois, a Maduro. Os iranianos compram ouro venezuelano e enviam de volta alimentos e gasolina. Acredita-se que aconselhem a Venezuela sobre táticas repressivas contra dissidentes. Eles ajudaram a construir no país uma fábrica de drones (aparentemente sem muito sucesso) e enviaram equipamentos e pessoal para ajudar a reparar as refinarias venezuelanas. Os venezuelanos, por sua vez, podem ter ajudado a lavar dinheiro para o Hezbollah, grupo terrorista apoiado pelo Irã, e fornecido passaportes para oficiais do Hezbollah e iranianos.[17]

Os esforços do Irã, sozinhos, já teriam feito uma grande diferença para o regime venezuelano. Mas somados aos da Rússia, da China, de Cuba e da Turquia, mantiveram à tona o regime profundamente impopular, e até mesmo permitiram que ele apoiasse outros autocratas. Em outubro de 2022, cinco empresários russos e dois espanhóis foram indiciados nos Estados Unidos por participarem de uma elaborada conspiração visando contornar ao mesmo tempo as sanções à indústria petrolífera venezuelana e a proibição de exportar produtos eletrônicos e outras tecnologias para a Rússia. Usando uma complexa rede de empresas de fachada — as mesmas utilizadas para obscurecer os proprietários reais em todo o mundo democrático —, eles conspiraram para enviar petróleo venezuelano a compradores na China, ocultando sua proveniência. Segundo o Departamento de Justiça americano, os lucros foram empregados para obter componentes de alta tecnologia de empresas norte-americanas e vendê-los para militares russos, que os utilizaram para construir armas projetadas para matar ucranianos.[18]

Esse esquema em particular foi revelado. Quantos não foram? Sabemos que muitos ainda operam com sucesso em outras autocracias e continentes, com diferentes participantes falando diferentes línguas, mas funcionando da mesma maneira — por exemplo, no Zimbábue.

Uebert Angel é um pastor evangélico e empresário britânico-zimbabuano que prega o evangelho da prosperidade: curas, profecias e conselhos financeiros. Em seu site, ele veste smoking branco e gravata-borboleta preta. O site tem links para vários projetos, entre eles a Academia dos Milionários (que "ensina os aspectos fundamentais de se tornar milionário") e um retiro profético (onde, por uma taxa, os participantes experimentarão "um tempo físico e presencial com o Profeta de Deus, o Profeta do Cristianismo e sua Última Dispensação, o Profeta Uebert Angel"). Por que as pessoas desejariam participar? Porque "esse é o homem para quem presidentes de todo o mundo telefonam em busca de instruções; que milionários e bilionários de todo o mundo brigam para conhecer, na esperança de ouvirem uma frase que modifique o curso de suas vidas".[19] Ele prevê erupções vulcânicas, acidentes de avião e vitórias do time de futebol Manchester United, difundindo tais profecias por meio de três canais do YouTube: Miracle TV, Good-News TV e Wow TV. Angel também publicou uma dezena de livros, entre eles *How to Hear the Voice of God* [Como ouvir a voz de Deus], *Defeating the Demon of Poverty* [Derrotando o demônio da pobreza] e *The Greatest Secret God Told Me About Money* [O grande segredo que Deus me contou sobre o dinheiro]. Como um mágico, às vezes ele até encontra "dinheiro milagroso" — ouro, diamantes e dinheiro em espécie — nos bolsos ou nas contas bancárias das pessoas.

Em março de 2023, um outro lado de Uebert Angel foi revelado quando ele participou involuntariamente de um documentário de quatro partes da Al Jazeera chamado *Gold Mafia* [Máfia do ouro].[20] O filme descrevia uma série de esquemas sobrepostos de contrabando de ouro, alguns ligados diretamente ao partido governante do Zimbábue e seu presidente, Emmerson Mnangagwa. Um conjunto de operações fazia uso dos bons e velhos mensageiros humanos, dependendo do suborno de funcionários dos aeroportos para que fizessem vista grossa enquanto barras de ouro eram contrabandeadas na bagagem de mão com destino a Dubai. O ouro pertencia a pessoas que o haviam roubado ou não podiam vendê-lo legalmente por causa das sanções internacionais. Angel, que foi gravado por jornalistas que acreditava serem funcionários de um bilionário chinês, desempenha um papel ligeiramente diferente. Tendo sido nomeado "embaixador itinerante" do Zimbábue, com o suposto objetivo de ajudar a atrair investimentos e negócios para o país, ele usa sua imunidade diplomática para facilitar uma "lavanderia" clássica. O dinheiro obtido com a venda de ouro é transferido para as contas bancárias de grupos criminosos, que então enviam uma quantia equivalente de dinheiro "sujo" ao governo zimbabuano. (Por meio de um porta-voz, Angel chamou o documentário de "desinformação, especulação e esforço deliberado para criar escândalo em torno do enviado presidencial e embaixador itinerante Uebert Angel".)[21]

O assistente pessoal de Angel é outro pastor evangélico, Rikki Doolan — que é branco, britânico e, a julgar por sua conta no Twitter, um guerreiro cultural conservador e opositor ferrenho das marchas do Orgulho LGBT.[22] O pastor Rikki — também filmado secretamente — diz à câmera que o presidente Mnangagwa garantirá que o esquema não falhe: "Desde que as engrenagens sejam lubrificadas na África, não haverá problemas." Ele oferece ao jornalista da Al Jazeera (que, mais uma vez, Rikki acredita trabalhar para um bilionário chinês) uma reunião com o presidente. Tudo que pede em troca é uma "taxa de facilitação" de 200 mil dólares. (Em um vídeo liberado após o escândalo, Doolan disse que o documentário era obra de "afiliados da Al Jazeera financiados por imperialistas" e que fora "brutalmente editado para fornecer uma narrativa falsa".)[23]

Além de Angel e Doolan, o filme apresenta um grupo impressionantemente variado de personagens da África e do Oriente Médio. Entre eles está um canadense que vive em Dubai ("Na maior parte do tempo, posso morar onde quiser, quando quiser [...]. A melhor coisa sobre o ouro é o dinheiro."). Outro é a sobrinha do presidente Mnangagwa, chefe da associação de mineração do Zimbábue. Um terceiro é o líder de um partido político queniano que é dono de várias empresas de comércio de ouro em Dubai e também, curiosamente, pastor.

O modelo de negócios do grupo é uma versão irônica e invertida da globalização: pessoas da América do Norte, do sul da África, da Grã-Bretanha e dos Emirados Árabes Unidos se reúnem alegremente para colaborar através das fronteiras. Juntas, elas contornam sanções e se beneficiam mutuamente, ajudadas pela falta de transparência e pela repressão a qualquer oposição política no Zimbábue.

Elas também representam algo novo. A corrupção política sempre fez parte da vida no Zimbábue — assim como na Venezuela e em grande parte do mundo desenvolvido (basta pensar na Tammany Hall). Após vencer a guerra pela independência contra a Grã-Bretanha em 1980, o líder revolucionário Robert Mugabe construiu um clássico Estado unipartidário. Ele e Mnangagwa, na época seu chefe de segurança, perseguiram e assassinaram os rivais e passaram a gerir o país como uma rede de patronagem.[24] Na década de 1980, porém, não havia complexas transações internacionais envolvidas, nem intermediários em Dubai. A maior parte do butim — empregos, contratos, subornos — era destinada a empresários favorecidos pelos xonas, a tribo de Mugabe. A origem do dinheiro também era da velha guarda: nos primeiros vinte anos após a independência, as fazendas dos brancos continuaram a produzir safras lucrativas — sobretudo tabaco, mas também açúcar e flores —, que respondiam pela maior parte das exportações do Zimbábue.

Esse sistema foi destruído em 2002 por uma reforma agrária havia muito prometida, muito necessária e, na prática, caótica e violenta. Mugabe expropriou as terras de vários fazendeiros brancos, entregando a maior parte delas a apoiadores e excluindo uma série de ex-fazendeiros negros. A produção agrícola despencou, assim como a receita com as exportações. O banco central começou a imprimir dinheiro, e a inflação disparou. O governo impôs uma política de controle monetário, com o mesmo resultado obtido na Venezuela: os partidários do regime aprenderam a manipular o sistema de múltiplas taxas de câmbio. Ao mesmo tempo, a mineração substituiu a agricultura como fonte principal de dinheiro forte, beneficiando os zimbabuanos com bons contatos que achavam mais fácil exportar e vender "por fora" o ouro do que o tabaco ou as flores.

Mas não foi somente o Zimbábue que mudou. Os sistemas financeiros de todo o mundo se acostumaram ao dinheiro cleptocrático. Entre 1980 e 2002, novos tipos de Estado emergiram — não somente paraísos fiscais, mas também "jurisdições intermediárias", como diz um estudo da National Endowment for Democracy. Trata-se de Estados híbridos que são parte legítima do sistema financeiro internacional, negociam normalmente com o mundo democrático e, às vezes, fazem parte de alianças militares democráticas, mas também estão dispostos a lavar ou aceitar dinheiro criminoso ou roubado e auxiliar pessoas e empresas sancionadas.[25] Em anos recentes, por exemplo, os Emirados Árabes Unidos facilitaram o processo que permite que estrangeiros, mesmo sob sanções, tornem-se residentes ou mesmo cidadãos e comprem propriedades. Como resultado disso, a compra de propriedades por russos no país aumentou 100% após a invasão da Ucrânia. A Turquia também criou brechas que permitem que não somente russos, mas quaisquer estrangeiros, transfiram dinheiro para o país e importem dinheiro e ouro diretamente. Além desses convites para estrangeiros sancionados, a prática tem uma face clandestina: o contrabando de ouro para Dubai, por exemplo, ou os esquemas turcos para transportar ouro da Venezuela para o Irã.[26]

O influxo de dinheiro cleptocrático também pode fazer com que os regimes se tornem mais autocráticos e repressivos. A partir de 2022, as exportações do Quirguistão para a Rússia aumentaram 2,5 vezes. Os produtos que fluíam da república da Ásia Central incluíam artigos que os quirguizes jamais haviam exportado para a Rússia: xampus, palitos de dente, sabonetes, peças automotivas e outros bens produzidos na Europa ou na China por empresas europeias ou chinesas que queriam fugir das sanções. Ao mesmo tempo, madeira e produtos derivados da Bielorrússia surgiram em mercados europeus com etiquetas quirguizes ou cazaques, sendo que nem o Quirguistão nem o Cazaquistão jamais exportaram madeira para a Europa.[27] No mesmo período de dois anos, o regime autocrático do Quirguistão enrijeceu. Tendo anteriormente permitido a presença de uma imprensa relativamente livre e do diálogo político aberto — um dos mais abertos da região —, o país começou a proibir publicações e aprovar leis restringindo os jornalistas.[28] O Estado confiscou seus telefones e laptops, em alguns casos acusando-os de violar uma vaga lei que proíbe a "incitação à desobediência e ao tumulto em massa".

A mudança foi dramática. Em 2007, Bektour Iskender havia cofundado o Kloop, um site investigativo quirguiz que produzia relatos sérios de corrupção, treinava jovens jornalistas e cooperava com outras publicações da Ásia Central.[29] Em 2020, o Kloop produzia furos jornalísticos com frequência, incluindo uma série de artigos cuidadosamente pesquisados e detalhados expondo um esquema multimilionário de contrabando e lavagem de dinheiro no Quirguistão. Quando o conheci, no verão de 2022, Iskender estava cheio de otimismo e planos para projetos investigativos que cruzariam fronteiras. Sua palestra TED "O poder do jornalismo investigativo no combate ao crime" foi vista por 1,5 milhão de pessoas. Quando o encontrei pela segunda vez, dezoito meses depois, ele enfrentava a perspectiva de um exílio prolongado. Tomando café em Varsóvia, ele me contou que fora aconselhado a deixar o país. O regime ficara "mais ousado com o grande influxo de dinheiro russo". As possibilidades de mudança positiva, fossem mais liberdade de expressão ou transparência, eram agora muito pequenas, dada a quantidade de dinheiro subitamente disponível para preservar o *status quo*. Em novembro de 2023, o Quirguistão bloqueou o acesso ao Kloop em russo e quirguiz.[30]

Ao longo de uma década, uma mudança similar ocorreu no Zimbábue. Em 2008, a má gestão criara uma verdadeira crise: a taxa de inflação chegara a 200.000.000%, as maiores notas de dólares zimbabuanos eram de trilhões e Mugabe parecia disposto a iniciar mudanças. Uma oposição plausível emergira, o Movimento para a Mudança Democrática. Seu líder, Morgan Tsvangirai, chegara a vencer a primeira rodada das eleições presidenciais. Naquele momento, Mugabe poderia ter permitido a transição democrática, abrindo caminho para uma reforma econômica genuína, que beneficiasse todos os zimbabuanos, e não somente o partido governante. Poderia ao menos ter permitido uma discussão honesta sobre a perpétua crise zimbabuana. Em vez disso, ele respondeu com violência. Capangas do partido governante perseguiram e espancaram apoiadores de Tsvangirai. O Fórum dos Direitos Humanos do Zimbábue documentou 137 sequestros, 19 desaparecimentos, 107 assassinatos e 6 estupros politicamente motivados.[31]

Em vez de restaurar os direitos dos cidadãos e buscar a prosperidade geral, Mugabe e seu círculo íntimo tiraram vantagem de oportunidades que não estavam disponíveis em 1980. Eles passaram de líderes corruptos "tradicionais" para algo diferente: uma nova classe de oligarcas que escondiam seu dinheiro em transações que a maioria dos zimbabuanos era incapaz de entender.

Em um país onde alguns podem se tornar fabulosamente ricos somente por estarem no lugar certo e na hora certa, ao passo que outros permanecem pobres, não admira que os conselhos financeiros e o "dinheiro milagroso" de Uebert Angel atraiam tanta fé e esperança: um tipo de "mágica" invisível e estrangeira tornou algumas pessoas extremamente ricas. Talvez um tipo diferente de mágica pudesse ajudar outras. Todavia, precisamente porque a riqueza mágica não estava disponível para todos, a liderança precisou encontrar novas maneiras de controlar a inquietação popular. Quando substituiu Mugabe em 2017, Mnangagwa começou a desmantelar quaisquer elementos de Estado de direito que ainda restassem no Zimbábue. Ele atacou o sistema judiciário, emendando a Constituição em 2021[32] para conceder a si mesmo o poder de nomear e dispensar juízes, e distribuiu propinas, disfarçadas de empréstimos habitacionais, para mantê-los passivos.[33]

Na campanha para as eleições de agosto de 2023, Mnangagwa forçou a aprovação de uma "lei patriótica" que, na prática, transformou em crime o ato de dizer a um estrangeiro qualquer coisa negativa sobre o Zimbábue ou seu governo.[34] Eu planejava ir até lá para observar as eleições, mas, depois que a lei foi aprovada, cancelei a viagem. Em vez disso, conversei por telefone com vários candidatos da oposição. Eles estavam entusiasmados, organizados e motivados. O descontentamento com o regime era disseminado, e eles acreditavam ter uma chance de vitória.

Alguns dias depois, quando a eleição foi fraudada para garantir outra vitória do governo, um deles me telefonou em pânico, perguntando se eu podia ajudá-lo a fugir do país. A polícia do distrito onde ele morava estava prendendo seus colegas. A violência e a corrupção geraram uma nova onda de sanções dos EUA e da UE, inclusive contra perpetradores individuais.[35] Mas, assim como o sistema financeiro internacional havia criado muitos serviços que podiam ajudá-la a ganhar e esconder dinheiro, a elite zimbabuana sabia, em 2023, que tinha alternativas.

O partido governante tinha um relacionamento de longa data com o Partido Comunista da China, desde os dias em que compartilhavam slogans maoistas e conversavam sobre rebeliões campesinas. Os chineses haviam fornecido armas, treinamento e conselhos à União Nacional Africana do Zimbábue — Frente Patriótica, o partido de Mugabe, quando ela ainda lutava pela independência, e também mais tarde, durante o conflito contra um partido de libertação rival apoiado pela União Soviética.[36] Após a independência, a China pouco a pouco se tornara a maior investidora do país, a maior fonte de importações e um importante destino de exportações. Em 2022, o auxílio chinês contribuíra para uma ampla variedade de projetos, desde o depósito farmacêutico nacional até o novo edifício do Parlamento. Durante a pandemia de Covid-19, a China enviou ao Zimbábue 1 milhão de doses da vacina Sinovac.[37]

O interesse mútuo era claro. A China obtinha minerais: em setembro de 2022, investidores chineses assinaram um contrato de 2,8 bilhões de dólares para construir um centro de processamento de lítio, platina e níquel para suas fábricas de baterias.[38] Em troca, o Zimbábue recebeu investimentos em banda larga e tecnologia de vigilância, incluindo equipamentos da Huawei e câmeras há muito empregadas pelos chineses para monitorar a dissensão interna.[39] Outras empresas de tecnologia, algumas delas especializadas em programas de reconhecimento facial, assinaram acordos para fornecer equipamentos para o que foi vagamente descrito como "propósitos de imposição da lei".[40] O Zimbábue entregou sua infraestrutura de telecomunicações à China. Esta, por sua vez, ajudou Mnangagwa a permanecer no poder.

Embora não haja um elo profundo ou histórico entre Harare e Moscou, Mnangagwa e Putin também descobriram muitas afinidades. Ambos permanecem no poder não por meio de eleições ou constituições, mas de propaganda, corrupção e violência seletiva. Ambos precisam mostrar às plateias, em solo doméstico e no mundo democrático, que não se importam com suas críticas, suas leis de proteção aos direitos humanos e suas conversas sobre democracia. A fim de demonstrar solidariedade à cleptocracia russa, o Zimbábue foi um dos onze países a votar nas Nações Unidas em favor da anexação da Crimeia em 2014, ao lado de Coreia do Norte, Bielorrússia, Cuba e Venezuela. No mesmo ano, o Zimbábue entregou à Rússia uma concessão de mineração de platina e obteve em troca vários caças MiG-35.[41] Em 2019, Putin recebeu Mnangagwa em Moscou uma semana depois de a polícia zimbabuana ter atirado em manifestantes em Harare.[42] Eles assinaram acordos de investimento na indústria de diamantes do país africano.[43]

Em 2023, o relacionamento entre os dois chegou a um novo patamar quando Mnangagwa, o antigo líder de um movimento anticolonial de independência, apoiou Putin durante a brutal guerra de dominação colonial na Ucrânia. O Zimbábue, declarou ele durante uma reunião de cúpula em São Petersburgo, "é solidário à Federação Russa no que diz respeito à operação militar especial na Ucrânia". Grato, Putin ofereceu a seu novo camarada um helicóptero presidencial. "Este pássaro em breve enfeitará nossos céus", proclamou um porta-voz do governo zimbabuano.[44] Ele publicou uma fotografia do octogenário Mnangagwa sentado na cabine do helicóptero, ao lado de uma mesa repleta de vinhos e frutas, e sua declaração ao povo zimbabuano e ao mundo: "As vítimas de sanções precisam cooperar."

3. Controlando a narrativa

Em 4 de junho de 1989, o Partido Comunista polonês realizou eleições parcialmente livres, iniciando uma série de eventos que acabaram por remover os comunistas do poder. Pouco depois, manifestações de rua pedindo liberdade de expressão, prestação de contas e democracia ajudaram a derrubar regimes comunistas na Alemanha Oriental, Tchecoslováquia, Hungria e Romênia. Alguns anos depois, a própria União Soviética deixou de existir.

Também em 4 de junho de 1989, o Partido Comunista da China ordenou que os militares reprimissem milhares de estudantes na Praça da Paz Celestial. Como os europeus orientais, eles pediam liberdade de expressão, prestação de contas e democracia. Mas os soldados prenderam e assassinaram manifestantes em Pequim e no restante do país, então localizaram os líderes do movimento e os forçaram a confessar e se retratar. Alguns passaram anos na prisão. Outros conseguiram fugir dos perseguidores e deixaram o país para sempre.

Após esses eventos, os chineses concluíram que mesmo essa resposta fora insuficiente. Para evitar que a onda democrática que varria a Europa Ocidental se espalhasse para o leste, os líderes da China decidiram eliminar não somente as pessoas, mas também as *ideias* que haviam impulsionado os protestos: Estado de direito, separação de poderes, liberdade de expressão e reunião e todos os princípios que descreveram como "poluição espiritual" vinda do mundo democrático. Bem antes de Xi Jinping colocar a China no caminho da ditadura, os chineses empreenderam novas tecnologias de informação que começavam a mudar políticas e conversas em todo o mundo.

Mesmo com o sistema já em construção, ninguém acreditava que ele fosse funcionar. Se os americanos eram ingênuos sobre o papel que o comércio desempenharia na construção democrática, eram ainda mais ingênuos sobre a tecnologia. Vale lembrar novamente da sala cheia de especialistas em política externa que riram, em 2000, quando o presidente Clinton afirmou que qualquer tentativa chinesa de controlar a internet seria como "tentar pregar gelatina na parede". Livros com títulos como *Here Comes Everybody* [Aí vem todo mundo] e *Virtuous Reality* [Realidade virtuosa] certa vez argumentaram que a internet lideraria uma explosão de auto-organização e mesmo um renascimento cultural. Em 2012, ainda era possível para um crítico do *New York Times* desconsiderar a ideia, apresentada em meu livro, de que a internet poderia se transformar em uma ferramenta de controle. "Vladimir Putin talvez ainda venha a transformá-la em profeta", escreveu Max Frankel falando sobre mim, "mas, até agora, neste século, a tecnologia tem sido uma bem-vinda defesa contra a tirania."[1]

Enquanto descrevíamos as muitas maneiras pelas quais a internet disseminaria a democracia, os chineses projetavam o sistema às vezes conhecido como o Grande Firewall da China. O nome, a despeito de seu agradável eco histórico, é enganoso. "Firewall" parece um objeto físico, e o sistema de gestão de internet da China — na verdade, gestão da conversa — contém muitos outros elementos, incluindo um elaborado sistema de bloqueios e filtros que impedem que os usuários vejam certas palavras e expressões. Entre as mais famosas estão "Paz Celestial", "1989" e "4 de junho", mas há muitas outras. Em 2000, algo chamado "Medidas para gerenciar comentários na internet" proibia uma variedade extraordinariamente ampla de conteúdo, incluindo qualquer coisa que "ameace a segurança nacional, divulgue segredos de Estado, subverta o governo, prejudique a unificação nacional" e "seja prejudicial à honra e aos interesses do Estado" — qualquer coisa, em outras palavras, de que as autoridades não gostem.[2] A mídia social chinesa teve permissão para florescer, mas somente em cooperação com os serviços de segurança, que a projetaram, desde o início, para permitir a vigilância dos usuários.

Empresas estrangeiras ajudaram, a princípio correndo para esse novo mercado de segurança da mesma maneira como haviam corrido para os mercados financeiros pós-soviéticos. Em certo ponto, a Microsoft alterou seu programa de blogs de modo a acomodar os protocolos do Grande Firewall. O portal Yahoo concordou em assinar uma "promessa pública de autodisciplina", garantindo que termos proibidos não surgiriam nas buscas.[3] A Cisco Systems, outra empresa norte-americana, vendeu centenas de milhões de dólares em equipamentos para a China, incluindo tecnologias que bloqueavam o tráfego para sites banidos. Quando escrevi sobre essas vendas em 2005, um porta-voz me disse que esse era "o mesmo equipamento tecnológico usado pela biblioteca local para bloquear pornografia", acrescentando: "Não estamos fazendo nada ilegal." Harry Wu, o falecido ativista chinês dos direitos humanos, contou que havia descoberto com representantes da Cisco na China que a empresa tinha contratos para fornecer tecnologia ao departamento de polícia de ao menos 31 províncias.[4]

Mas, como em muitas outras esferas, a China absorveu a tecnologia de que precisava e então se livrou das empresas estrangeiras. A Google tentou aderir às regras do Grande Firewall antes de desistir, em 2010, após um ataque cibernético orquestrado pelo Exército de Libertação Popular.[5] Mais tarde, a empresa trabalhou secretamente em uma versão de seu motor de busca que seria compatível com a censura chinesa, mas também a abandonou após protestos de funcionários e críticas públicas em 2018.[6] A China proibiu o Facebook em 2009 e o Instagram em 2014. O TikTok, embora inventado por uma empresa chinesa, jamais teve permissão para funcionar no país.

O regime chinês também lançou sua rede mais longe, para além do espaço cibernético, aprendendo a combinar sistemas de rastreamento on-line e ferramentas mais antigas de repressão, incluindo câmeras de segurança, batidas policiais e prisões. A versão mais sofisticada desse sistema combinado agora opera em Xinjiang, a província habitada pela minoria muçulmana uigur. Após uma série de protestos políticos em 2009, o Estado começou a não somente prender uigures, mas também a testar novas formas de controle on-line e off-line. Os uigures foram obrigados a instalar "babás" em seus telefones, que procuram constantemente por "vírus ideológicos", incluindo versos corânicos e referências religiosas, assim como declarações suspeitas em todas as formas de correspondência. Os aplicativos podem monitorar a compra de livros digitais e rastrear a localização de um indivíduo, enviando a informação à polícia. Também podem detectar comportamentos incomuns: qualquer um que faça download de uma rede privada virtual, permaneça totalmente off-line ou use eletricidade demais (o que pode ser evidência de hóspedes secretos) gera suspeita. Tecnologias de reconhecimento de voz e até mesmo amostras de DNA são usadas para monitorar onde os uigures caminham, dirigem e fazem compras.[7]

Em algum momento, esse sistema poderia se espalhar por toda a China, onde centenas de milhões de câmeras de segurança já monitoram o espaço público. Inteligência artificial e programas de reconhecimento facial já identificam as pessoas que passam pelas câmeras, ligando-as instantaneamente a informações recolhidas de telefones, redes sociais e outras fontes. Um sistema de crédito social conecta uma série de bases de dados, colocando em uma lista clandestina os indivíduos que desrespeitam as regras. Às vezes, esse sistema é descrito com a benigna expressão "tecnologia para cidades seguras", como se seu único propósito fosse melhorar o fluxo do trânsito — e, de fato, ele também faz isso.

Contudo, a segurança dificilmente é o único objetivo. O jornalista de tecnologia Ross Andersen escreveu na *Atlantic* que, em breve, "os algoritmos chineses serão capazes de reunir dados de uma ampla variedade de fontes — registros de viagem, amigos e associados, hábitos de leitura, compras — a fim de prever resistência política antes que ela ocorra".[8] A cada descoberta, a cada avanço da IA, a China chega mais perto de sua versão do santo graal: um sistema capaz de eliminar não somente as palavras "democracia" e "Paz Celestial" da internet, mas também o modo de pensar que leva as pessoas a se tornarem ativistas da democracia ou comparecerem a protestos públicos.

Outros países podem fazer o mesmo. "Tecnologia para cidades seguras", vigilância e sistemas de IA foram vendidos pela gigante tecnológica chinesa Huawei ao Paquistão, Brasil, México, Sérvia, África do Sul e Turquia.[9] Uma das agências de segurança da Malásia fechou um acordo com uma empresa chinesa cuja tecnologia de IA a ajudará a comparar as imagens em tempo real das câmeras com um banco de dados central. Singapura comprou produtos semelhantes, até mesmo anunciando seus planos de colocar câmeras com tecnologia de reconhecimento facial em cada poste da cidade-Estado.[10] O presidente Mnangagwa comprou tecnologia de reconhecimento facial para o Zimbábue, supostamente com o propósito de projetar "aplicativos de segurança inteligente em aeroportos e estações de trem e ônibus", mas com o claro potencial de controle político.[11]

É apenas uma questão de tempo até que essas ideias se espalhem, representando uma tentação também para os líderes das democracias. Alguns elementos da "tecnologia para cidades seguras" de fato podem ajudar a combater o crime, e muitas democracias já os empregam a título de teste. As democracias, especialmente as híbridas, são perfeitamente capazes de empregar sua própria tecnologia de vigilância, usando-a contra críticos e oponentes políticos, para além de criminosos ou terroristas genuínos. O spyware para celulares Pegasus, criado pela empresa israelense NSO, tem sido usado para rastrear jornalistas, ativistas e oponentes políticos em países como Hungria, Cazaquistão, México, Índia, Bahrein e Grécia, entre outros. Em 2022, o governo polonês liderado pelo partido nacional-populista Lei e Justiça instalou o Pegasus no telefone de amigos e colegas meus, todos afiliados ao que era então a oposição. O debate sobre que informações o governo deveria ou não reter sobre os cidadãos norte-americanos se tornou um escândalo internacional em 2013, quando Edward Snowden, um funcionário da Agência de Segurança Nacional dos Estados Unidos (NSA), revelou os métodos e táticas da agência e, ao mesmo tempo, publicou milhares de documentos detalhando operações militares norte-americanas em todo o mundo. Snowden fugiu para a Rússia, onde permanece até hoje.

Há importantes diferenças sobre como essas histórias se desenrolam em democracias e ditaduras. Os vazamentos de Snowden foram amplamente discutidos. Jornalistas ganharam prêmios Pulitzer por investigá-los. Na Polônia, o escândalo do spyware Pegasus foi finalmente exposto e investigado, primeiro pela mídia e mais tarde por um comitê parlamentar. Se nenhum escândalo paralelo jamais ocorreu na China, na Rússia, no Irã ou na Coreia do Norte, é porque nesses países não há comitês legislativos ou mídia livre para desempenhar o mesmo papel.

Seja como for, o uso de spywares e programas de vigilância pelo mundo democrático ajuda as autocracias a justificarem seu próprio abuso dessas tecnologias. Quanto mais países adotarem esses sistemas, menos objeções éticas e morais haverá. A China exporta essas tecnologias por razões comerciais, possivelmente para espionagem, mas também porque sua disseminação justifica seu uso doméstico: se há menos objeções à vigilância de massa no mundo em geral, há menos perigo de críticas a ela dentro da China. Ditadores, partidos políticos e elites que passarem a depender da avançada tecnologia chinesa para controlar suas populações também poderão se sentir obrigados a se alinhar politicamente ao país asiático, ou talvez achem necessário fazer isso para permanecer no poder. Quanto mais a China for capaz de "alinhar os modelos de governança de outros países ao seu", argumenta o especialista em tecnologia digital Steven Feldstein, "menos esses países representarão uma ameaça à hegemonia chinesa".[12]

No entanto, nem mesmo as mais sofisticadas formas de vigilância são garantidas. Durante os anos de pandemia, o governo chinês impôs os mais severos controles à movimentação física já experimentados pela maioria dos chineses. Milhões de pessoas foram forçadas a permanecer em casa, chegando a ser trancadas; um número incontável foi para campos governamentais de quarentena. Mas o confinamento também produziu os mais furiosos e enérgicos protestos em muitos anos. Jovens que jamais haviam comparecido a uma manifestação e não tinham memória da Praça da Paz Celestial se reuniram nas ruas de Pequim e Xangai no outono de 2022 para falar sobre liberdade de movimentação e expressão. Em Xinjiang, onde os confinamentos foram os mais longos e rígidos, e o controle da internet foi o mais profundo e completo de toda a China, as pessoas passaram a cantar o hino nacional em público, enfatizando um verso: "Levantem-se, aqueles que se recusam a ser escravos!"[13] Vídeos desses episódios circularam amplamente, porque os spywares e filtros não identificaram o hino nacional como dissensão.

A lição para a Autocracia S.A. foi sinistra: mesmo em um Estado onde a vigilância parece total, a experiência da tirania e da injustiça pode radicalizar as pessoas. A raiva contra o uso arbitrário do poder sempre levará alguns a pensarem sobre outro sistema, outra forma de governar a sociedade. A força dessas manifestações e a fúria mais ampla que elas refletem foram suficientes para assustar as autoridades chinesas e levá-las a suspender as quarentenas, permitindo que o vírus se espalhasse. As mortes resultantes foram consideradas preferíveis à raiva pública e aos protestos.

Lições mais amplas também podem ter sido aprendidas. Assim como as manifestações contra Putin na Rússia em 2011 ou as grandes passeatas em Caracas alguns anos depois, os protestos de 2022 na China podem ter dado aos regimes autocráticos mais uma razão para voltar seus mecanismos repressivos para fora, para o mundo democrático. Se as pessoas são naturalmente atraídas pela imagem de direitos humanos, pela linguagem da democracia, pelo sonho de liberdade, então essas ideias precisam ser envenenadas. Isso exige não somente vigilância e um sistema político que se defenda das ideias liberais, mas também um plano ofensivo, uma narrativa que danifique a ideia de democracia, onde quer que esteja sendo empregada, em qualquer lugar do mundo.

No século XX, a propaganda do Partido Comunista era intensa e inspiradora, ou ao menos tentava ser. Cartazes, arte, filmes e jornais retratavam um futuro brilhante e idealizado, cheio de fábricas limpas, produção abundante, trabalhadores entusiasmados e tratoristas saudáveis. A arquitetura era projetada para impressionar, a música para intimidar, os espetáculos públicos para fascinar. Em teoria, os cidadãos deviam sentir entusiasmo, inspiração e esperança. Na prática, esse tipo de propaganda saía pela culatra, já que as pessoas comparavam o que viam nos cartazes e filmes a uma realidade muito mais pobre.

Algumas autocracias ainda se retratam como Estados-modelo. Os norte-coreanos realizam enormes desfiles militares, com elaboradas exibições de ginástica e grandes fotografias de seu líder, em um estilo muito parecido com o stalinista.[14] Mas muitos propagandistas da Autocracia S.A. aprenderam com os erros do século XX. Eles não oferecem aos cidadãos uma visão utópica, nem os inspiram a construir um mundo melhor. Em vez disso, os ensinam a serem cínicos e passivos, porque não há um mundo melhor a se construir. Seu objetivo é persuadir as pessoas a cuidarem da própria vida, ficarem fora da política e não ansiarem pela alternativa democrática: *Nosso Estado pode ser corrupto, mas todo mundo é corrupto. Você pode não gostar do nosso líder, mas os outros são piores. Você pode não gostar da nossa sociedade, mas ao menos somos fortes. O mundo democrático é fraco, degenerado, dividido e moribundo.*

Em vez de retratar a China como uma sociedade perfeita, a propaganda doméstica moderna busca inculcar orgulho nacionalista com base na real experiência de desenvolvimento econômico e redenção nacional. A mídia chinesa zombou da frouxidão da resposta norte-americana à pandemia com um desenho animado que terminava com a Estátua da Liberdade tomando soro por via endovenosa.[15] Mais tarde, o *Global Times* chinês relatou que as pessoas chamavam a insurreição de 6 de janeiro de "carma" e "punição": "Vendo tais cenários, muitos chineses naturalmente lembrarão que Nancy Pelosi elogiou a violência dos manifestantes em Hong Kong, chamando-a de 'belo sinal'."[16] (Pelosi, é claro, elogiou as manifestações pacíficas, não a violência.) Os chineses também foram informados de que as forças do caos estavam à solta, com a intenção de destruir suas vidas, e foram encorajados a resistir em uma "guerra popular" contra a influência e os espiões estrangeiros: "Forças estrangeiras hostis têm se empenhado muito, e jamais devemos baixar a guarda nos esforços pela segurança nacional."[17]

Os russos sabem ainda menos sobre o que acontece em suas próprias cidades. Em vez disso, são informados constantemente sobre o declínio de lugares que não conhecem e que a maioria jamais visitou: Estados Unidos, França, Grã-Bretanha, Suécia, Polônia, países aparentemente tomados pela degeneração, hipocrisia e russofobia. Um estudo sobre a televisão russa entre 2014 e 2017 revelou que notícias negativas sobre a Europa foram divulgadas nos três principais canais, todos controlados pelo Estado, em média dezoito vezes ao dia.[18] Algumas matérias eram obviamente inventadas (*Governos europeus roubam crianças de famílias heterossexuais para entregá-las a casais gays!*), mas mesmo as verdadeiras eram escolhidas a dedo para apoiar a ideia de que a vida diária na Europa é assustadora e caótica, os europeus são fracos e imorais e a União Europeia é ditatorial e intervencionista, ou está prestes a desmoronar. O objetivo é claro: evitar que os russos se identifiquem com a Europa, como já aconteceu antes.

O retrato dos Estados Unidos é ainda mais dramático. Os norte-americanos que raramente pensam na Rússia ficariam pasmos em saber quanto tempo a televisão estatal russa devota às guerras culturais nos Estados Unidos, sobretudo às discussões sobre gênero. O próprio Putin exibiu uma alarmante intimidade com os debates no Twitter sobre os direitos das pessoas transgênero, fingindo zombeteiramente simpatizar com aquelas que disse terem sido "canceladas".[19] Em parte, isso serve para mostrar aos russos que não há nada admirável no mundo democrático liberal. Mas também é a maneira de Putin construir alianças entre sua plateia doméstica e seus apoiadores na Europa e na América do Norte, onde ele conta com seguidores na extrema direita autoritária, tendo convencido alguns conservadores ingênuos de que a Rússia é um "Estado branco e cristão".[20] Na verdade, a frequência dos russos à igreja é muito baixa, o aborto é legal no país e sua população multiétnica abriga milhões de muçulmanos. A região autônoma da Tchetchênia, que faz parte da Federação Russa, é parcialmente governada pela xaria e prende e assassina homens homossexuais em nome da pureza islâmica.[21] Além disso, o Estado persegue e reprime muitas formas de religião fora da Igreja Ortodoxa Russa, que é oficialmente sancionada, incluindo os evangélicos protestantes.[22]

Mesmo assim, esse retrato da Rússia como líder de uma aliança de Estados fortes e tradicionais contra democracias fracas ganhou adesões nos Estados Unidos. Os nacionalistas brancos presentes na infame manifestação de Charlottesville que terminou em violência em 2017 gritavam, entre outros slogans, "a Rússia é nossa amiga".[23] Os russos participam de organizações internacionais que dizem promover valores cristãos ou tradicionais e são suspeitos de financiar secretamente algumas delas.[24] Putin envia mensagens periódicas a esses grupos. "Eu defendo a abordagem tradicional de que uma mulher é uma mulher, um homem é um homem, uma mãe é uma mãe e um pai é um pai", disse ele durante uma entrevista coletiva em dezembro de 2023, quase como se fosse uma justificativa para a guerra na Ucrânia.

Pouco antes dessa entrevista, o Estado russo havia proibido o que chamou de "movimento internacional LGBTQ+", por ser uma forma de "extremismo", e começado a invadir bares gays.[25]

Essa manipulação das fortes emoções geradas pelos direitos dos homossexuais e das mulheres foi amplamente copiada no mundo autocrático. Yoweri Museveni, presidente de Uganda por mais de três décadas, também concebeu uma lei "anti-homossexualidade" em 2014, instituindo a prisão perpétua para os casais homossexuais e criminalizando a "promoção" de seu estilo de vida. Ao lutar contra os direitos dos homossexuais, ele conseguiu consolidar seus apoiadores internos e, ao mesmo tempo, neutralizar as críticas externas ao regime. Museveni acusou as democracias de "imperialismo social": "Os estrangeiros não podem ditar o que fazemos; este é nosso país."[26] Viktor Orbán, primeiro-ministro da Hungria, um Estado híbrido iliberal, também evita discussões sobre corrupção escondendo-se atrás de uma guerra cultural. Ele adotou a farsa de que a continuada tensão entre seu governo e o governo dos Estados Unidos se deve à religião e a questões de gênero, quando, na verdade, as dificuldades foram criadas por seus profundos laços financeiros e políticos com a Rússia e a China.[27]

Outros autocratas monopolizam o diálogo nacional ao chamar o máximo de atenção para si mesmos. Hugo Chávez aparecia constantemente em rede nacional na Venezuela, interrompendo a programação normal e dominando todos os canais de televisão e rádio ao mesmo tempo. Aos domingos, ele apresentava um programa com horas de duração, *Aló Presidente*, durante o qual fazia longos monólogos sobre política e esportes, além de contar histórias pessoais e cantar. Às vezes, convidava celebridades como Naomi Campbell e Sean Penn.[28] De certa maneira, seu monopólio do diálogo nacional prefigurou a campanha eleitoral de 2016 de Donald Trump, embora Trump tenha usado as mídias sociais, e não a televisão. Ambos mentiram repetida e descaradamente, como fazem os ditadores modernos. A cientista política Lisa Wedeen observou que o regime sírio conta mentiras tão ridículas que ninguém é capaz de acreditar nelas — por exemplo, a de que, no auge da guerra civil, a Síria era um excelente destino turístico.[29] Essas "ficções nacionais" não têm o intuito de persuadir, mas o de demonstrar o poder das pessoas que as elaboram. Às vezes, a intenção não é que as pessoas acreditem na mentira, mas que temam o mentiroso.

Isso também marca um afastamento do passado. Os líderes soviéticos também mentiam, mas tentavam fazer com que suas mentiras parecessem reais. Como Khruschóv na ONU, eles ficavam furiosos quando eram acusados de mentir e, em resposta, produziam "evidências" falsas e contra-argumentos. Na Rússia de Putin, na Síria de Assad e na Venezuela de Maduro, políticos e personalidades televisivas com frequência participam de um jogo diferente. Eles mentem o tempo todo, de maneira descarada. Mas, quando são expostos, não se dão o trabalho de contra-argumentar. Quando forças controladas pelos russos derrubaram o voo 17 da Malaysia Airlines sobre a Ucrânia em 2014, o governo reagiu não com uma negativa, mas com múltiplas histórias, plausíveis e implausíveis: a culpa seria do exército ucraniano, da CIA ou de um nefário complô no qual 298 cadáveres haviam sido colocados em um avião para simular um acidente e desacreditar a Rússia.

Essa tática, a chamada "mangueira de mentiras", produz não ultraje, mas niilismo. Dadas tantas explicações, como alguém pode saber o que realmente aconteceu? E se ninguém jamais souber? Se não consegue entender o que acontece a sua volta, você não se une a um grande movimento pela democracia, não segue o líder que revela a verdade nem dá ouvidos a conversas sobre mudanças políticas positivas. Em vez disso, evita totalmente a política. Os autocratas têm um imenso incentivo para disseminar desesperança e cinismo, não somente em seus próprios países, mas em todo o mundo.

Durante um jantar em Munique em fevereiro de 2023, sentei-me em frente a um diplomata europeu que acabara de retornar da África. Ele conhecera alguns estudantes e ficara chocado ao descobrir quão pouco sabiam ou se importavam com a guerra na Ucrânia. Eles apenas repetiam as alegações russas de que os ucranianos eram "nazistas", culpando a Otan pela invasão e, de modo geral, usando a linguagem ouvida todas as noites no noticiário russo. O diplomata ficou pasmo e buscou explicações: talvez fosse um legado do colonialismo ou da negligência do Ocidente em relação ao Sul Global. Talvez fosse a longa sombra da Guerra Fria. Ele sacudiu a cabeça.

Como tantos europeus e norte-americanos que tentam explicar o mundo usando somente a própria experiência, ele havia deixado passar a explicação mais simples e óbvia. A história de como os africanos — assim como latino-americanos, muitos asiáticos e, aliás, muitos norte-americanos e europeus — passaram a repetir a propaganda russa sobre a Ucrânia não é em essência uma história sobre o colonialismo europeu. Ela envolve os sistemáticos esforços da China para comprar ou influenciar a mídia e as elites do mundo; as cuidadosas campanhas russas de propaganda, às vezes amplificadas por membros pagos e não pagos da extrema direita dos Estados Unidos e da Europa; e, cada vez mais, o trabalho de outras autocracias nessas mesmas redes, usando as mesmas táticas e a mesma linguagem para promover seus regimes iliberais, muitas vezes com o propósito similar de controlar a narrativa. Hoje, a retórica antidemocrática é global.

Talvez por ser a autocracia mais rica, ou porque seus líderes de fato acreditem ter uma boa história para contar, a China faz os maiores esforços para se apresentar ao mundo, no maior número possível de países e usando a variedade mais ampla de canais. O analista Christopher Walker cunhou o termo *sharp power* [poder afiado] — nem o poder militar *hard*, nem o poder cultural *soft* — para descrever as intensas campanhas de influência que agora são sentidas em muitas áreas da cultura, da mídia, da vida acadêmica e mesmo dos esportes.[30] Muitas são coordenadas pela Frente Unida, o mais importante projeto de influência do Partido Comunista da China, que cria programas educacionais e de intercâmbio, tenta controlar as comunidades chinesas exiladas, constrói câmaras de comércio e, mais notoriamente, ajuda a dirigir os Institutos Confúcio, situados em instituições acadêmicas de todo o mundo.[31] Originalmente percebidos como corpos culturais benignos, à semelhança do Instituto Goethe do governo alemão ou da Alliance Française, os Institutos Confúcio foram acolhidos por muitas universidades por fornecerem aulas e professores de chinês a custos muito baixos ou mesmo de graça. Com o tempo, eles começaram a gerar suspeita por policiarem estudantes chineses em universidades norte-americanas, tentarem bloquear as discussões públicas sobre o Tibete ou Taiwan e, em alguns casos, alterarem o ensino da história e da política chinesas de modo a se adequar à narrativa oficial. Embora a maioria tenha sido desativada nos Estados Unidos, os Institutos Confúcio prosperam em muitos outros lugares. Há dezenas somente na África.[32]

Essas operações mais sutis são ampliadas por um enorme investimento, estimado entre 7 e 10 bilhões de dólares, na mídia internacional. A agência de notícias Xinhua, a China Global Television Network (CGTN), a China Radio International e o portal China Daily recebem significativo financiamento estatal, têm contas de mídias sociais em várias línguas e regiões e vendem, compartilham e promovem seu conteúdo. Suas matérias e vídeos são produzidos de maneira profissional, altamente subsidiados, custam menos que os equivalentes ocidentais e sempre mostram a China e os aliados chineses sob uma luz positiva.[33] Centenas de organizações de notícias na Europa, Ásia e África usam seu conteúdo, de Quênia e Nigéria a Egito e Zâmbia. A sede regional fica em Nairóbi, onde proeminentes jornalistas locais são contratados para produzir conteúdo em línguas africanas, para além de árabe, inglês, francês, espanhol, russo e chinês.

No momento, poucas pessoas assistem a esses canais chineses, cujo conteúdo é previsível e com frequência tedioso.[34] Pouco a pouco, porém, formas mais amigáveis de televisão chinesa são disponibilizadas. A StarTimes, uma empresa semiprivada de televisão por satélite ligada à China, tem hoje mais de 13 milhões de assinantes em trinta países africanos. A StarTimes é barata para o consumidor: a assinatura mensal custa apenas alguns dólares. Ela prioriza conteúdo chinês — não somente notícias, mas também filmes de kung fu, novelas e futebol da Superliga Chinesa, com diálogos e comentários traduzidos para o hauçá, o suaíli e outras línguas africanas.[35] Conteúdo ocidental também está disponível, mas custa mais caro. A StarTimes também adquiriu participação em uma empresa de televisão por satélite da África do Sul e estabeleceu uma parceria com uma difusora estatal da Zâmbia. Dessa maneira, até mesmo o entretenimento pode passar mensagens positivas sobre a China.

Ao contrário de grande parte da mídia ocidental, esses veículos cooperam não somente uns com os outros, mas diretamente com o governo chinês. A China não separa propaganda, censura, diplomacia e mídia em compartimentos distintos, nem pensa nelas como atividades separadas, dentro ou fora do país. Pressão legal sobre organizações midiáticas internacionais, bloqueio de sites estrangeiros, trolagem de jornalistas de outros países e ataques cibernéticos podem ser empregados como parte de uma única operação projetada para minar certa organização ou promover certa narrativa. O Partido Comunista da China utiliza grêmios estudantis e associações comerciais para enviar mensagens, oferece cursos e estipêndios para jornalistas locais e até mesmo fornece telefones e laptops.[36] Isso também faz parte de uma estratégia clara: os propagandistas chineses preferem que seus pontos de vista sejam publicados na imprensa local, com créditos locais. Eles chamam isso de "emprestar barcos para chegar ao mar".[37]

Os chineses também cooperam, tanto aberta quanto discretamente, com os veículos de mídia de outras autocracias. A Telesur, fundada na era Chávez, é em teoria uma difusora multinacional, mas, na prática, sua sede fica em Caracas e suas parceiras são Nicarágua e Cuba. Parte do conteúdo da Telesur parece se dirigir a plateias regionais de tendências esquerdistas — como deixam claro os frequentes ataques à Monsanto, a gigante multinacional do ramo agrícola. Trechos selecionados de notícias internacionais também chegam à Telesur por meio de suas parceiras, incluindo manchetes que supostamente têm pouco apelo na América Latina: "Exercícios militares conjuntos dos Estados Unidos e da Armênia minam estabilidade da região", ou "Rússia não tem planos expansionistas na Europa", ambas matérias produzidas pela agência Xinhua em 2023.[38] Para os telespectadores que desejam ter acesso a conteúdo similar em outro formato, o Irã oferece o HispanTV, a versão espanhola do PressTV, o serviço iraniano internacional que abusa do antissemitismo e da negação do Holocausto. Uma manchete de março de 2020 declarava: "O novo coronavírus é resultado de um complô sionista."[39] A Espanha baniu o HispanTV e a Google bloqueou o canal em seu motor de busca, mas ele é facilmente acessado em toda a América Latina, assim como o Al-Alam, a versão árabe do PressTV, é facilmente acessado em todo o Oriente Médio.

O RT — Russia Today — tem mais visibilidade que a Telesur e o PressTV e, na África, apresenta ligações mais estreitas com a China.[40] Quando foi retirado das redes de satélite após a invasão da Ucrânia, o RT desapareceu brevemente de muitos países africanos. No entanto, quando a StarTimes chinesa passou a exibi-lo, reapareceu e começou de imediato a construir redações e relacionamentos em todo o continente, sobretudo em países governados por autocratas ávidos por ecoar e imitar as mensagens "tradicionais", antiocidentais e anti-LGBT da Rússia, e que apreciam a ausência de matérias críticas ou investigativas. Embora o governo argelino tenha perseguido repórteres do France 24, o canal internacional francês, o RT parece ser bem-vindo.[41] A sede na África do Sul está em construção.[42] O RT Actualidad e o RT Arabic buscam alcançar pessoas na América Latina e no Oriente Médio.

O verdadeiro propósito do RT, no entanto, não é necessariamente ser um canal de televisão.[43] Como o PressTV, a Telesur e mesmo a CGTN chinesa, o RT é uma vitrine, uma fábrica e uma fonte de videoclipes que podem ser distribuídos pela rede social, tanto midiática quanto humana, que os russos e outros criaram com esse objetivo. Os norte-americanos tiveram uma amostra do funcionamento dessa rede em 2016, quando a Internet Research Agency, com base em São Petersburgo e dirigida na época por Evgueni Prigojin (mais tarde famoso por liderar uma rebelião de mercenários), produziu material destinado a confundir os eleitores norte-americanos. Contas russas no Facebook e no Twitter, fingindo ser contas norte-americanas, divulgaram slogans anti-imigração criados para beneficiar Donald Trump, assim como falsas contas "Black Lives Matter" atacando Hillary Clinton a partir da esquerda. Eles produziram histeria antimuçulmana em lugares com poucos muçulmanos,[44] chegando a criar um grupo no Facebook chamado Secured Borders [Fronteiras seguras], que conseguiu gerar um movimento antirrefugiados em Twin Falls, Idaho.[45]

Desde 2016, o uso dessas táticas se ampliou. Hoje, os escritórios da Xinhua e do RT na África, juntamente com a Telesur e o PressTV, produzem matérias, slogans, memes e narrativas que promovem a visão de mundo da Autocracia S.A. Esse conteúdo é então repetido e ampliado por redes autênticas ou não em muitos países, traduzido em múltiplas línguas e reformatado para os mercados locais. A maior parte do material produzido não é sofisticada, mas tampouco é cara. Os políticos, "especialistas" e grupos de mídia que o utilizam são tanto reais quanto fictícios. Os últimos às vezes escondem o nome de seus proprietários usando as mesmas leis comerciais flexíveis empregadas pelas empresas cleptocráticas. Em vez de lavagem de dinheiro, trata-se de lavagem de informações. O objetivo é disseminar as mesmas narrativas que os autocratas usam em solo doméstico, ligar a democracia à degeneração e ao caos, minar as instituições democráticas e prejudicar a reputação não somente dos ativistas que promovem a democracia, mas do próprio sistema.

Em 24 de fevereiro de 2022, enquanto a Rússia invadia a Ucrânia, histórias fantásticas sobre armas biológicas começaram a surgir na internet. Porta-vozes dos ministérios russos da Defesa e das Relações Exteriores declararam solenemente que laboratórios biológicos secretos financiados pelos Estados Unidos vinham conduzindo experimentos com vírus de morcego na Ucrânia.[46] A história era infundada, para não dizer ridícula, e foi imediata e repetidamente desmentida. Ainda assim, uma conta norte-americana no Twitter, ligada à rede de conspirações QAnon — @WarClandestine —, começou a tuitar a respeito, obtendo milhares de visualizações e compartilhamentos. A hashtag #biolab viralizou e chegou a 9 milhões de visualizações. Mesmo após a suspensão da conta — que mais tarde se soube pertencer a uma pessoa de verdade, um veterano da Guarda Nacional —, as pessoas continuaram a postar capturas de tela.[47] Uma versão surgiu no site Infowars, criado por Alex Jones, processado por promover teorias da conspiração sobre o trágico tiroteio na escola de Sandy Hook. Tucker Carlson, então ainda apresentador da Fox News, exibiu trechos de um general russo e um porta-voz chinês repetindo a acusação e exigindo que a administração Biden "pare de mentir e nos diga o que está acontecendo".[48]

A mídia estatal chinesa, apoiada pelo governo, também usou a história. Um porta-voz do Ministério das Relações Exteriores ecoou seus colegas russos, declarando que os Estados Unidos controlavam 26 laboratórios biológicos na Ucrânia: "A Rússia descobriu, durante suas operações, que os EUA utilizam essas instalações para implementar planos militares."[49] A Xinhua publicou várias manchetes, como "Laboratórios norte-americanos representam ameaça potencial para povo da Ucrânia" e "Rússia incita Estados Unidos a explicarem objetivo dos laboratórios biológicos na Ucrânia".[50] Diplomatas norte-americanos negaram veementemente as informações.[51] Mesmo assim, os chineses continuaram a publicá-las. Assim como fizeram veículos de mídia asiáticos, africanos e latino-americanos com acordos de compartilhamento de conteúdo com a China. Assim como fizeram Telesur,[52] PressTV[53] e os canais em várias línguas do RT.

A China tinha um claro interesse na matéria, uma vez que ela turvava a história recente e a livrava da obrigação de investigar seus próprios laboratórios, incluindo aquele em Wuhan que pode ter sido a verdadeira fonte da pandemia de Covid-19. A rede QAnon, cujos afiliados promoveram teorias da conspiração sobre a vacinação, também pode ter sido atraída para a ideia de armas biológicas porque ela se adequava à sua narrativa sobre práticas antiéticas dos médicos nos Estados Unidos. Mas essas três fontes — russos, chineses e extremistas norte-americanos — também se uniram em torno de muitos outros temas. Após a invasão da Ucrânia, elas repetiram toda a propaganda russa sobre a guerra, da descrição dos ucranianos como "nazistas" à alegação de que a Ucrânia era uma marionete controlada pela CIA. Esses temas então ecoaram nos degraus inferiores da escada hierárquica, na mídia e nas redes sociais africanas, asiáticas e latino-americanas.

A ação conjunta foi bem-sucedida. Ela ajudou a minar o esforço liderado pelos EUA para criar solidariedade internacional pela Ucrânia e impor sanções à Rússia. Nos Estados Unidos, prejudicou a tentativa da administração Biden de consolidar a opinião pública. De acordo com uma pesquisa, um quarto dos cidadãos do país acreditava que a teoria da conspiração sobre os laboratórios biológicos era verdadeira.[54] Rússia e China, com a ajuda de alguns norte-americanos e europeus, criaram uma câmara de eco internacional na qual venezuelanos, iranianos e muitos outros atuavam como atores secundários. Qualquer um no interior da câmara ouviria a teoria muitas vezes, sempre de fontes diferentes, cada uma delas repetindo e ampliando as outras, a fim de criar uma impressão de veracidade.

Mesmo aqueles fora da câmara de eco ou cujo veículo de mídia favorito não tinha acordo de compartilhamento de conteúdo com a Xinhua ouviram a história, graças aos caminhos mais clandestinos que a Autocracia S.A. usa para amplificar suas mensagens.

Um desses caminhos passa por organizações como o Pressenza, **um site** fundado em Milão e realocado para o Equador em 2014.

O Pressenza é publicado em oito línguas, descreve-se como uma "agência de notícias internacional dedicada a notícias sobre paz e não violência" e publicou um artigo sobre os laboratórios biológicos na Ucrânia. Mas, de acordo com o Centro de Engajamento Global do Departamento de Estado norte-americano, trata-se de um projeto russo, conduzido por três empresas russas.[55] Eles escrevem os artigos em Moscou, que são então traduzidos para o espanhol e publicados em sites "nativos" na América Latina, seguindo a prática chinesa, a fim de criar a ilusão de que são locais. O Pressenza negou essas alegações: um de seus jornalistas, Oleg Iasinski, que afirma ter origem ucraniana, respondeu atacando "a planetária máquina de propaganda norte-americana" e citando Che Guevara.

Assim como o Pressenza, o Yala News também se descreve como independente. Registrado no Reino Unido, esse serviço de notícias em árabe fornece diariamente vídeos muito bem produzidos, incluindo entrevistas com celebridades, para seus 3 milhões de seguidores. Em março de 2022, enquanto a notícia dos supostos laboratórios biológicos norte-americanos na Ucrânia era promovida por outros veículos, o site postou um vídeo que ecoava uma das versões mais sensacionalistas: a Ucrânia planejava usar pássaros migratórios para transportar armas biológicas, infectando-os e enviando-os para causar doenças na Rússia!

O Yala não inventou essa história ridícula. Foi a mídia estatal russa que a publicou primeiro, seguida pelo site Sputnik Arabic e pelo RT Arabic. O embaixador da Rússia na ONU publicou uma longa e aparentemente séria declaração oficial sobre o "escândalo dos pássaros", alertando sobre "o real perigo biológico para a população dos países europeus resultante da disseminação descontrolada de agentes biológicos pela Ucrânia".[56] Alguns riram: em uma entrevista em Kiev, em abril de 2022, o presidente Zelensky disse a mim e a meus colegas que a história parecia uma sátira do *Monty Python*. Como serviço de notícias supostamente "independente", o Yala News deveria ter checado os fatos dessa matéria, que foi ridicularizada e amplamente desmentida.

O Yala News, porém, não é um serviço de notícias. Como relatado pela BBC, trata-se de uma lavanderia de informações, um site que existe para disseminar e propagar material produzido pelo RT e outros veículos russos. O Yala News publicou notícias dizendo que o massacre de civis ucranianos por soldados russos em Bucha foi encenado, que Zelensky apareceu bêbado na televisão e que soldados ucranianos estavam fugindo das linhas de frente. Embora a empresa esteja registrada em um endereço em Londres — uma caixa postal compartilhada por 65 mil outras empresas —, sua "equipe de notícias" está localizada em um subúrbio de Damasco, na Síria. O CEO da empresa é um empresário sírio que vive em Dubai e que, ao ser questionado pela BBC, repetiu alegações de "imparcialidade".

Por que encobrir a ligação da empresa com a Rússia e a Síria? Possivelmente por razões pragmáticas: como é teoricamente "britânica", pode fugir das sanções impostas à Síria e à Rússia e postar vídeos no Facebook e em outras plataformas. No entanto, a identidade "britânica" também pode ter sido escolhida para dar legitimidade aos vídeos, distanciando-os de suas fontes russas e dando-lhes mais credibilidade em uma parte do mundo que notoriamente suspeita de todas as fontes formais de notícias.[57]

O Yala News não é o único ator estranho nesse campo particular. Outro é o African Initiative, um serviço on-line de notícias criado em 2023 e projetado especificamente para disseminar teorias da conspiração na África sobre a saúde pública ocidental.[58] A agência planejou uma campanha para desacreditar a filantropia ligada à saúde, iniciando rumores sobre um novo vírus disseminado por mosquitos. A ideia era difamar médicos, clínicas e filantropos e construir um clima de desconfiança em torno da medicina ocidental, na mesma linha dos esforços russos para criar um clima de desconfiança em torno das vacinas ocidentais durante a pandemia. O Centro de Engajamento

Global do Departamento de Estado norte-americano identificou o líder russo do projeto, notando que vários funcionários haviam chegado ao African Initiative provenientes do Grupo Wagner, e localizou dois de seus escritórios no Mali e em Burkina Faso.

Na Europa, outra campanha russa tomou forma na RRN — sigla de Reliable Russian News [Notícias russas confiáveis], mais tarde alterado para Reliable Recent News [Notícias recentes confiáveis]. Criada após a invasão da Ucrânia, a RRN, parte de uma operação mais ampla de lavagem de informações conhecida pelos investigadores como Doppelganger, é primariamente uma *typosquatter*: uma empresa que registra domínios que parecem similares aos dos veículos de mídia — Reuters.cfd no lugar de Reuters.com, por exemplo —, assim como sites com nomes que parecem autênticos (como Notre Pays, ou "nosso país"), mas foram criados para enganar. A RRN é prolífica. Durante sua curta existência, já criou mais de trezentos sites na Europa, no Oriente Médio e na América Latina. Links para esses sites são usados para fazer com que posts no Facebook, Twitter, TikTok e em outras redes sociais pareçam legítimos. Alguém que leia rapidamente pode não notar que a manchete aponta para um falso site Spiegel.pro, digamos, em vez do autêntico da revista alemã, Spiegel.de.[59]

Os esforços da Doppelganger, liderados por um grupo de empresas na Rússia (algumas delas ligadas ao Pressenza), foram muito variados, e parecem ter incluído um site fraudulento de checagem de fatos e falsos comunicados de imprensa da Otan, com as mesmas fontes e design dos comunicados genuínos, "revelando" que líderes da organização planejavam enviar tropas militares da Ucrânia para reprimir os protestos sobre a reforma da previdência na França. Em novembro de 2023, agentes que o governo francês acredita estarem ligados à Doppelganger até mesmo grafitaram estrelas de davi em vários pontos de Paris, fotografando-as e postando-as na mídia, esperando amplificar as divisões sobre a guerra de Gaza.[60]

No outono de 2023, membros da equipe que fundou a RRN iniciaram um projeto nos Estados Unidos.[61] Quando a administração de Biden propôs um projeto de lei para financiar o auxílio militar à Ucrânia, estrategistas russos instruíram seus funcionários a criarem posts "em nome do morador do subúrbio de uma grande cidade". De acordo com o *Washington Post*, eles deveriam imitar um norte-americano que "não apoia o auxílio militar que os EUA estão dando à Ucrânia e acha que o dinheiro deveria ser empregado para defender as fronteiras norte-americanas, não as ucranianas. Ele acha que as políticas de Biden estão levando os EUA na direção do colapso". Nos meses seguintes, posts nesse gênero de fato pareceram inundar algumas redes sociais, assim como textos sobre corrupção na Ucrânia, um dos quais, infamemente, alegava que o presidente Zelensky possuía dois iates.

Em parte porque o projeto estava conectado à ideia de que democracias como Estados Unidos e Ucrânia são caóticas e corruptas, algo que exerce apelo em certos setores do Partido Republicano, o ataque foi bem-sucedido e algumas ideias falsas ganharam força. O senador republicano Thom Tillis disse a um entrevistador que, durante os debates sobre o auxílio financeiro à Ucrânia, colegas que haviam lido as falsas histórias demonstraram receio de que o dinheiro fosse usado para "comprar iates". O congressista Michael R. Turner, republicano por Ohio e presidente do Comitê Permanente de Inteligência, disse a outro entrevistador: "Estão vindo da Rússia tentativas de mascarar comunicações anti-Ucrânia e pró-Rússia — algumas das quais estão sendo repetidas no Congresso."[62]

Seja como for, a maioria das pessoas que viu e repetiu essas ideias não tinha ideia de quem as havia criado, onde ou por quê. E era esse o objetivo: por mais desleixados que esses esforços pareçam ser, há uma lógica por trás da RRN e de suas muitas organizações irmãs. E essa lógica agora está sendo estudada e copiada por outros membros da Autocracia S.A.

Em 2018, um tufão deixou milhares de pessoas presas no Aeroporto Internacional de Kansai, perto de Osaka, no Japão. Entre elas estavam alguns turistas de Taiwan. Normalmente, essa história não teria muito significado político. Contudo, algumas horas após o incidente, um obscuro site de notícias relatou o que chamou de falha da diplomacia taiwanesa em resgatar seus cidadãos. Um punhado de blogueiros começou a postar nas mídias sociais, elogiando efusivamente os oficiais chineses que *haviam* enviado ônibus para ajudar seus compatriotas. Alguns turistas taiwaneses supostamente fingiram ser chineses para embarcar nos tais ônibus. Conversas sobre o incidente se intensificaram. Fotografias e vídeos, supostamente do aeroporto, começaram a circular.

A história logo migrou para a mídia convencional. Jornalistas atacaram o governo: por que os diplomatas chineses haviam agido com tanta rapidez e eficiência? Por que os taiwaneses eram tão lentos e ineficientes? Veículos de notícias locais descreveram o incidente como um constrangimento nacional, sobretudo para um país cujos líderes afirmavam não precisar do apoio da China. Manchetes declararam que "Para entrar no ônibus, era preciso fingir ser chinês" e "Taiwaneses seguem ônibus chinês". No ápice, a furiosa cobertura e os ataques nas mídias sociais se tornaram tão intensos que um diplomata, ao que parece incapaz de suportar os comentários e a vergonha por sua falha, tirou a própria vida.[63]

Investigações subsequentes revelaram alguns fatos estranhos. Muitas pessoas que haviam postado com entusiasmo sobre o incidente não eram reais; suas fotografias não passavam de imagens editadas. O obscuro site que fora o primeiro a promover a história era afiliado ao Partido Comunista da China. Os vídeos também eram falsos. Ainda mais estranho, o governo japonês confirmou a inexistência de ônibus chineses e, consequentemente, nenhuma falha especial dos taiwaneses.

De qualquer forma, o aparente fracasso foi usado por jornalistas e âncoras reais, sobretudo os que queriam atacar o partido governante, como sem dúvida fora a intenção dos propagandistas chineses. O anonimato das redes sociais, a proliferação de sites de "notícias" com origens incertas e a polarização da política taiwanesa foram manipulados a fim de disseminar uma das narrativas favoritas do regime chinês: *A democracia taiwanesa é fraca. A autocracia chinesa é forte. Em uma emergência, os taiwaneses gostariam de ser chineses.*

Até muito recentemente, a lavagem de informações russa e a propaganda chinesa eram bastante diferentes. Os chineses permaneciam fora da política e do espaço informacional americano, a menos que estivessem promovendo suas realizações ou suas narrativas sobre o Tibete, Xinjiang e Hong Kong. Até mesmo os ataques a Taiwan eram cuidadosos, às vezes combinando campanhas de informação a ameaças militares e boicotes econômicos. Os esforços russos, em contraste, pareciam mais desordenados, como se alguns poucos hackers tentassem ver qual história maluca ganharia notoriedade.

Lentamente, as táticas chinesas e russas começaram a convergir. Em 2023, após um devastador incêndio florestal em Maui, trolls chineses usaram inteligência artificial para criar fotografias que supostamente provavam que os focos de incêndio haviam sido criados por uma "arma climática" secreta americana.[64] Poucos acompanharam essa teoria da conspiração, mas ela marcou o início de uma fase notável: os chineses estavam fazendo testes, criando redes e talvez se preparando para operações mais disruptivas, no estilo russo. Na primavera de 2024, um grupo de contas chinesas que até então postava material pró-China em mandarim começou a postar em inglês, usando símbolos nacionalistas e atacando o presidente Joe Biden.[65] Elas exibiram falsas imagens de Biden em uniforme da prisão, zombaram de sua idade e o chamaram de pedófilo satanista. Uma conta ligada aos chineses repostou um vídeo do RT repetindo a mentira de que Biden enviara um criminoso neonazista para lutar na Ucrânia. Quando Alex Jones repostou a mentira, ela chegou a mais de 400 mil pessoas.

E eles não são os únicos com vastas ambições geográficas. Contas de mídia social localizadas na Venezuela, tanto reais quanto automatizadas, desempenharam um papel pequeno, mas interessante na eleição presidencial mexicana de 2018, apoiando a campanha de Andrés Manuel López Obrador. Dois tipos de mensagem se destacaram: as que promoviam imagens do caos e da violência no México — que poderiam levar as pessoas a sentir que precisavam de um homem forte para restaurar a ordem — e as que se opunham furiosamente ao Tratado Norte-Americano de Livre-Comércio e aos Estados Unidos de modo geral.[66] Trolls baseados na Venezuela e na Rússia — que um analista chamou de "exército de contas zumbis" — também trabalharam juntos na Espanha, mais notadamente durante o referendo ilegal pela independência da Catalunha, em 2017.[67] Organizado pelo governo regional separatista sem amparo nas leis espanholas, o referendo foi marcado por protestos e confrontos com a polícia, descritos pelo RT como "brutal repressão dos participantes do referendo catalão". Usando esse tipo de manchete, juntamente com declarações de que "a Catalunha escolhe seu destino entre cassetetes e balas de borracha", os trolls conseguiram chegar a mais pessoas que a televisão estatal.

Em ambos os casos, se obtiveram algum resultado, esses minúsculos investimentos em mídia social provavelmente foram considerados válidos. Quando se tornou presidente, López Obrador entregou empresas civis a militares, minou a independência do judiciário e degradou de muitas formas a democracia mexicana.[68] Ele também promoveu narrativas russas sobre a guerra na Ucrânia e narrativas chinesas sobre a repressão dos uigures.[69] O relacionamento do México com os Estados Unidos ficou mais difícil, o que certamente fazia parte do objetivo.

A história catalã teve repercussões ainda mais complicadas. Depois que o governo da Espanha anulou o referendo ilegal, o ex-presidente catalão Carles Puigdemont deixou o país. Em 2019, ele enviou Josep Lluís Alay a Moscou. Lá, de acordo com o *New York Times*, Alay pediu ajuda ao governo russo para criar contas bancárias secretas e negócios destinados a financiar as operações pró-independência. Alguns meses depois, um protesto estranho e artificial surgiu na Catalunha quando um grupo, supostamente com apoio da inteligência russa, invadiu um banco, fechou um aeroporto e bloqueou a principal rodovia entre França e Espanha.[70]

Em nenhum dos casos as redes russas e venezuelanas inventaram coisas. López Obrador é uma figura puramente local, com uma profunda história na política mexicana, não um intruso ou um infiltrado russo. As divisões na Espanha também são muito antigas e autênticas. Tanto apoiadores quanto oponentes da independência catalã estão em cena há muito tempo. O antissemitismo na França é igualmente genuíno, assim como o sentimento antiestablishment de modo geral. E isso também faz parte do plano: as operações autocráticas de informação exageram as divisões e a raiva que são normais na política. Elas pagam ou promovem as vozes mais extremas, esperando torná-las ainda mais extremas e talvez mais violentas; tentam encorajar as pessoas a desafiarem o Estado, duvidarem da autoridade e, por fim, questionarem a própria democracia.

Na tentativa de criar caos, esses novos propagandistas, assim como seus líderes, lançam mão de qualquer ideologia, tecnologia e emoção que possa se provar útil. Os veículos da disrupção podem ser de direita, de esquerda, separatistas ou nacionalistas, até mesmo assumindo a forma de conspirações médicas ou pânico moral. Mas o objetivo nunca muda: a Autocracia S.A. espera reescrever as regras do sistema internacional.

4. Alterando o sistema operacional

Antes de explicar como as autocracias tentam destruir o sistema internacional, é útil lembrar como ele começou.

Em 1946, durante os primeiros e otimistas dias do pós-guerra, a recém-criada Organização das Nações Unidas instaurou sua Comissão de Direitos Humanos. Presidida por Eleanor Roosevelt, viúva do presidente Roosevelt, a comissão começou a escrever o que se tornaria a Declaração Universal dos Direitos Humanos. O comitê original incluía um especialista legal canadense, um jurista francês, um teólogo libanês e um filósofo chinês. Representantes da União Soviética, do Reino Unido, do Chile e da Austrália participaram; em um estágio posterior, um delegado indiano, Hansa Mehta, argumentou com sucesso que o Artigo I do documento deveria declarar não que "todos os *homens* nascem livres e iguais", mas que "todos os *seres humanos* nascem livres e iguais". Os autores foram influenciados pelo movimento democrata-cristão, pelo confucionismo, pelas tradições legais liberais e pelo crescente campo do direito internacional. Notadamente, estavam unidos pela crença de que havia de fato direitos humanos universais, um conjunto de princípios comuns a todas as culturas e sistemas políticos.

Em 1948, quando o documento foi ratificado, a União Soviética votou contra, assim como vários de seus Estados-satélite. Mas a maioria dos novos membros da ONU — africanos, asiáticos e latino-americanos, além de norte-americanos e europeus — votou a favor. O documento declarava que "o reconhecimento da inerente dignidade e dos direitos iguais e inalienáveis de todos os membros da família humana é a fundação da liberdade, da justiça e da paz no mundo".[1] Também reconhecia que "a indiferença e o desdém pelos direitos humanos resultaram em atos bárbaros que ultrajaram a consciência da humanidade". Entre muitos outros princípios, a declaração afirmava que "todos têm direito à vida, à liberdade e à segurança pessoal"; que ninguém devia estar sujeito a "prisão, detenção ou exílio arbitrários"; e que a tortura e a escravidão deviam ser banidas. Ela até mesmo proclamava que "ninguém deve ser sujeitado à interferência arbitrária em sua privacidade, família, residência ou correspondência, nem a ataques a sua honra e reputação. Todos têm direito à proteção da lei contra tais interferências ou ataques".

Essas ideias se tornaram a base de uma dezena de outros tratados e de muitas instituições multilaterais. A Ata Final de Helsinque, o tratado que reconheceu a inviolabilidade das fronteiras europeias e encerrou formalmente a Segunda Guerra Mundial, declara que os signatários "promoverão e encorajarão o efetivo exercício das liberdades e dos direitos civis, políticos, econômicos, sociais, culturais e outros, todos derivados da dignidade inerente do ser humano".[2] A Carta da Organização dos Estados Americanos declara que "a democracia representativa é condição indispensável para a estabilidade, a paz e o desenvolvimento da região".[3]

Na prática, esses documentos e tratados, às vezes conhecidos coletivamente como ordem baseada na lei, sempre descreveram como o mundo *deveria* funcionar, não como realmente funcionava. A Convenção de Genocídio da ONU não evitou o genocídio em Ruanda. As Convenções de Genebra não impediram os vietnamitas de torturarem prisioneiros de guerra americanos nem estes de torturarem fazerem o mesmo com iraquianos. Os signatários da Declaração Universal dos Direitos Humanos incluem notórios violadores dos direitos humanos, como China, Cuba, Irã e Venezuela. A Comissão de Direitos Humanos da ONU se transformou em farsa há muito tempo.

Mesmo assim, esses documentos influenciaram e ainda influenciam comportamentos no mundo real. Na década de 1960, dissidentes soviéticos aprenderam a constranger seu governo indicando a linguagem de direitos humanos nos tratados que o Kremlin assinara. Na primeira metade do século XX, americanos que agrediram prisioneiros de guerra iraquianos em violação às Convenções de Genebra passaram pela corte marcial, foram condenados e sentenciados à prisão militar. Em 2022, o Alto Comissário de Direitos Humanos da ONU publicou um relatório sobre a perseguição dos uigures pelos chineses, descrevendo as prisões em massa e a tortura como "crimes contra a humanidade". Os chineses reagiram como esperado — chamaram o documento de "colcha de retalhos de falsas informações que serve como ferramenta política para os EUA e outros países ocidentais" —, mas não puderam fazer com que o relatório desaparecesse da mídia internacional nem impedir que tivesse repercussões em solo doméstico.[4] Em 2023, o Tribunal Penal Internacional (TPI) emitiu mandados de prisão para o presidente Putin e Maria Lvova-Belova, a comissária de direitos infantis da Rússia, pelo crime de sequestrar e deportar milhares de crianças ucranianas. Embora os russos tenham considerado a ação inócua, os mandados significam que o presidente corre o risco de ser preso ao visitar países que assinaram o tratado do TPI.[5]

Incapazes de evitar essas decisões — ou, pelo menos, não todas —, as autocracias agora tentam remover esse tipo de linguagem da arena internacional. Por mais de uma década, enquanto os líderes do Ocidente estavam distraídos com outras preocupações, os chineses fizeram da gradual reescritura das regras um dos pilares de sua política externa. Durante um congresso do Partido Comunista em 2017, o presidente Xi Jinping declarou abertamente que essa será uma "nova era" de "diplomacia de grandes potências, com características chinesas".[6] E, nessa nova era — um tempo de "grande rejuvenescimento da nação chinesa" —, a China busca "ter parte ativa na reforma do sistema global de governança". Na prática, isso significa que os chineses lideram os esforços para remover a linguagem de direitos humanos e democracia das instituições internacionais. "Para obter a legitimidade moral, o respeito e o reconhecimento de que necessita para liderar uma nova ordem mundial", escreve a especialista em direito e assuntos chineses Andréa Worden, "o PCC precisa remover a ameaça ocidental de direitos humanos universais."[7]

Em vez de *direitos humanos*, que são monitorados por organizações externas e agências independentes e podem ser mensurados por padrões internacionais, a China quer priorizar o *direito ao desenvolvimento*, que só pode ser definido e mensurado pelos governos. Ela também lança mão da palavra *soberania*, que tem muitas conotações, algumas das quais positivas. Mas, no contexto das instituições internacionais, ela é usada por ditadores quando querem rebater críticas a suas políticas, venham elas de órgãos da ONU, de monitores independentes dos direitos humanos ou de seus próprios cidadãos. Quando alguém protesta contra os assassinatos extrajudiciais do governo iraniano, os mulás gritam "soberania". Quando alguém objeta à repressão de Hong Kong pelo governo chinês, a China responde com "soberania". Quando alguém cita a famosa frase do Artigo I da declaração da ONU — "Todos os seres humanos nascem livres e iguais em dignidade e direitos" —, os defensores autoritários da soberania consideram tal linguagem uma evidência do imperialismo ocidental. A esse uso geral do termo o presidente russo acrescenta seu próprio toque. Na definição de Putin, soberania inclui o direito de abusar dos cidadãos em solo doméstico e invadir países estrangeiros. Esse privilégio só está disponível para nações muito grandes. "Não há muitos países soberanos no mundo", disse ele em 2017.[8] O contexto deixou claro que, para Putin, a Rússia era soberana, ao contrário das nações europeias.

A fim de proteger sua soberania, a China busca modificar também outros tipos de linguagem. Em vez de "direitos políticos" ou "direitos humanos", os chineses querem que a ONU e outras organizações internacionais falem sobre *cooperação com ganhos mútuos* — com o que querem dizer que todo mundo se beneficiará se cada país mantiver seu próprio sistema político. Eles querem que todo mundo popularize o *respeito mútuo* — com o que querem dizer que ninguém deve criticar ninguém. Esse vocabulário é deliberadamente brando e pouco ameaçador: quem seria contra a cooperação com ganhos ou o respeito mútuos?

Seja como for, os chineses trabalham arduamente, de maneira até reveladora, para inserir tal linguagem nos documentos da ONU. Se o respeito e a cooperação com ganhos mútuos e a soberania prevalecerem, não haverá papel para os defensores dos direitos humanos, as comissões internacionais de inquérito ou qualquer crítica pública à política chinesa no Tibete, em Hong Kong ou em Xinjiang. A já limitada capacidade da ONU de investigar Estados-membros será ainda mais reduzida.

Enquanto a China busca modificar a maneira como diplomatas e burocratas conversam no interior da ONU, a Rússia concentra seus esforços principalmente na modificação da conversa popular em todo o mundo. Se os ganhos mútuos parecem algo bom, então a *multipolaridade*, a nova palavra favorita das redes russas de informação, pode ter um apelo ainda maior. Um mundo multipolar deve ser justo e equânime, ao contrário do mundo centrado nos Estados Unidos e da hegemonia americana que eles tentam abolir. A palavra é especialmente útil por ser usada com frequência, de modo neutro, para expressar a ideia de que há mais nações com peso internacional do que havia no passado, o que é meramente uma observação acurada. "Estamos nos movendo na direção de um mundo multipolar", disse o secretário-geral da ONU, António Guterres, em 2023.[9] A ideia dificilmente é nova: o jornalista Fareed Zakaria publicou um livro mais de quinze anos atrás descrevendo a "ascensão do resto", o crescente poder das novas potências globais.[10]

Como parte de uma narrativa russa mais recente sobre o fim dos valores universais, a palavra também adquiriu um eco vagamente marxista, como se países outrora reprimidos estivessem se livrando de seus opressores. A Rússia, ela mesma uma potência colonial, pinta a si mesma como líder dos não ocidentais, dos tradicionais, clamando pelo que o analista Ivan Kłyszcz descreve como multipolaridade messiânica: uma "batalha contra a imposição dos valores 'decadentes' e 'globalistas' do Ocidente".[11] Em setembro de 2022, quando presidiu uma cerimônia para celebrar a anexação ilegal do sul e do leste da Ucrânia, o presidente russo não falou das pessoas que havia torturado ou enviado a campos de concentração, mas alegou estar protegendo a Rússia do Ocidente "satânico" e das "perversões que levam à degradação e à extinção".[12] Alguns meses depois, disse ele em Moscou: "Estamos lutando pela liberdade não somente da Rússia, mas de todo o mundo [...] Dizemos abertamente que a ditadura de um poder hegemônico — todo mundo vê isso agora — está decrépita. Ela se transformou em caos e é simplesmente perigosa para aqueles à nossa volta."[13]

A ironia, claro, é que a Rússia é um genuíno perigo para todos à sua volta, e é por isso que a maior parte de seus vizinhos, incluindo agora a Suécia e a Finlândia, está se rearmando e se preparando para lutar contra a ocupação colonial. O tom anticolonial cria ironia também em outros lugares. Desde 2021, mercenários russos do Grupo Wagner ajudam a manter uma ditadura militar no poder no Mali, onde foram acusados de execuções sumárias, atrocidades contra civis e saque de propriedades.[14] No Mali, assim como na Ucrânia, multipolaridade significa que os capangas russos, brutais e brancos agora desempenham um papel mais amplo na vida pública. E, ainda assim, o Mali Actu, um site pró-russo do Mali, explica de maneira solene a seus leitores que, "em um mundo cada vez mais multipolar, a África desempenhará um papel cada vez mais importante".[15]

Por mais irônica ou sinistra que seja, a *multipolaridade* é agora a base de toda uma campanha, sistematicamente disseminada no RT em inglês, francês e espanhol, e repetida por sites de lavagem de informações como o Yala News e por outros veículos, think tanks, jornalistas pró-russos pagos e não pagos e outros porta-vozes da Autocracia S.A. A Xinhua celebrou a afiliação da União Africana ao G20 — o grupo das vinte maiores economias do mundo — como evidência da "agressiva emergência de um mundo multipolar".[16] A China Global Television Network, em um artigo para a web ilustrado com uma fotografia do ditador sírio Bashar al-Assad — que massacra seu próprio povo —, informou aos leitores que "a diplomacia da China injeta vitalidade em um mundo multipolar".[17] O presidente Maduro, da Venezuela, falou do "mundo multipolar e policêntrico pelo qual ansiamos e em nome do qual nos unimos, com nossas bandeiras, a todos os povos do mundo".[18] Quando visitou a China, ele tuitou que a viagem iria "fortalecer os laços de cooperação e a construção de uma nova geopolítica global".[19] A Coreia do Norte expressou seu desejo de cooperar com a Rússia "para estabelecer uma 'nova e multipolarizada ordem internacional'".[20] Em 2023, quando visitou as três mais importantes autocracias latino-americanas — Venezuela, Cuba e Nicarágua —, o presidente do Irã, Ebrahim Raisi, disse que o propósito da viagem era "assumir uma posição contra o imperialismo e o unilateralismo", isto é, consolidar sua oposição à democracia e aos direitos universais.[21]

Pouco a pouco, os países que lideram o ataque à linguagem dos direitos humanos, da dignidade humana e do Estado de direito criam instituições próprias. Membros da Organização de Cooperação de Xangai — China, Índia, Cazaquistão, Quirguistão, Rússia, Paquistão, Tadjiquistão e Uzbequistão (Afeganistão, Bielorrússia, Irã e Mongólia são observadores) — concordaram em reconhecer a "soberania", não criticar os comportamentos autocráticos e não interferir nas políticas internas uns dos outros. O grupo de países conhecido como BRICS (acrônimo em inglês para Brasil, Rússia, Índia, China e África do

Sul, originalmente cunhado por um economista do Goldman Sachs para descrever oportunidades de negócios em mercados emergentes) também está se transformando em uma instituição internacional alternativa, com reuniões regulares e novos membros. Em janeiro de 2024, Irã, Arábia Saudita, Egito, Emirados Árabes Unidos e Etiópia foram recebidos no grupo, dando-lhe um toque da nova ordem mundial, orientada para Moscou e Pequim.

Grupos como o BRICS e a Organização de Cooperação de Xangai às vezes são ignorados por supostamente mais falarem que agirem — sendo considerados apenas uma desculpa anual para fotos em grupo. Mas eles representam algo real. Embora nem todo líder que participa das reuniões seja autocrata — o BRICS, em particular, não possui uma posição política unificada —, muitos querem usar essas instituições para disseminar em todo o mundo o mesmo tipo de poder sem freios de que gozam em solo doméstico. Se o antigo sistema foi criado para inculcar o "primado da lei", essas novas instituições querem promover o "primado pela lei" — a crença de que "lei" é o que quer que o autocrata ou líder do partido governante atual decida ser, seja no Irã, em Cuba ou em qualquer outro lugar do mundo. E, assim como o antigo sistema de direitos universais influenciava o comportamento real das nações, o mesmo se dá com o novo sistema.

Quando leem sobre "direito internacional" ou "direitos humanos", as pessoas do mundo democrático ainda podem ter uma sensação de distanciamento, uma ausência de ameaça direta. Sem dúvida seus próprios sistemas políticos as protegerão da ausência de leis que prevalece na Rússia ou em Cuba; sem dúvida existem regras e regulamentações que a comunidade internacional sempre compartilhará — as leis marítimas, por exemplo, ou as normas de conduta dos controladores de tráfego aéreo. Em 2021, o ditador da Bielorrússia, Aleksandr Lukashenko, destruiu essa suposição básica em um gesto sem precedentes, pedindo às autoridades aéreas para desviar um avião pertencente à

Ryanair, uma empresa irlandesa, que cruzava o espaço aéreo bielorrusso no trajeto de Atenas, na Grécia, para Vilnius, na Lituânia — ou seja, de uma parte da União Europeia a outra. O controle de tráfego aéreo disse falsamente aos pilotos que o avião tinha uma bomba a bordo. De acordo com a mídia estatal, a aeronave foi então "escoltada" até Minsk, capital do país, por um caça MiG.

Na verdade, não havia bomba, a ameaça era falsa e Minsk sequer era o aeroporto mais próximo. Depois que o avião pousou, ninguém correu para conduzir os passageiros à segurança. O verdadeiro propósito do desvio ficou claro quando dois passageiros foram removidos: Roman Protasevich, blogueiro e jornalista bielorrusso da oposição, e sua namorada, Sofia Sapega. Protasevich era um dos editores originais do Nexta, um canal do Telegram que havia se tornado uma das mais importantes fontes de informações públicas durante as enormes manifestações contra o regime realizadas em Minsk em 2020.[22] Ele fugira do país e vivia no exílio desde então. Em sua ausência, o Estado o declarara "terrorista".[23] Assim que o avião iniciou a descida, ele soube que era o alvo. "Vou enfrentar a pena de morte", disse a um passageiro.[24] No fim das contas, o Estado não o matou, mas ele passou por interrogatórios brutais, isolamento e tortura, assim como muitos outros prisioneiros políticos na Bielorrússia.[25] Por fim, fez uma grotesca confissão televisionada, renunciou a seus amigos e abandonou Sapega a fim de salvar a própria vida.[26]

O fato de Lukashenko mostrar-se disposto a interceptar e possivelmente colocar em risco uma aeronave de posse e registro europeus, carregando cidadãos europeus de uma nação europeia a outra, mostrou não só que ele estava preparado para romper totalmente com a Europa, mas que também confiava no apoio econômico e político do mundo autocrático. Sua confiança tinha fundamento. Embora o sequestro tenha sido seguido dos usuais protestos ocidentais e a companhia aérea bielorrussa tenha sido banida do espaço aéreo europeu, Lukashenko não pagou nenhum preço mais alto. Não havia instituição internacional com peso suficiente para puni-lo ou libertar Protasevich. O ditador bielorrusso estava protegido pela "soberania" e por seus amigos. Imediatamente após o incidente, a diretora do RT tuitou que o sequestro a fizera "sentir inveja" da Bielorrússia.[27] Lukashenko, escreveu ela, "teve um belo desempenho". Outro oficial russo chamou o sequestro de "exequível e necessário".[28]

Embora essa provavelmente tenha sido a primeira vez que um regime autocrático abusou do controle de tráfego aéreo para sequestrar um dissidente, está claro que não foi a primeira vez que uma autocracia avançou além de suas fronteiras para perseguir, prender ou assassinar seus próprios cidadãos. A organização de direitos humanos Freedom House chama essa prática de "repressão transnacional", tendo compilado mais de seiscentos exemplos.[29] Às vezes, agentes de inteligência ou assassinos cometem os crimes. Funcionários do GRU, a inteligência militar russa, usaram venenos radioativos e agentes nervosos contra inimigos do Kremlin em Londres e Salisbury, na Inglaterra — os alvos sobreviveram, mas uma britânica foi acidentalmente morta. Outro assassino enviado pela Rússia eliminou um ex-combatente tchetcheno no centro de Berlim.[30] Críticos e executivos russos tiveram mortes misteriosas caindo de escadas[31] ou de janelas na Índia, no sul da França[32] e em Washington.[33] Ao longo de mais de quatro décadas, a República Islâmica do Irã também matou ou tentou matar iranianos exilados na Europa — Dinamarca, França, Alemanha, Países Baixos, Suécia, Reino Unido —, assim como no Oriente Médio, na América Latina e nos Estados Unidos, com os números crescendo acentuadamente na última década.[34] Em janeiro de 2023, o governo americano indiciou três membros de uma gangue — originalmente do Azerbaijão, da Rússia e da Geórgia — por conspirarem com o governo iraniano a fim de assassinar Masih Alinejad, uma cidadã americana fortemente crítica do regime iraniano, em sua casa no Brooklyn.[35]

Às vezes, as autocracias endossam esses esforços, dando-lhes um verniz quase legal. Membros da Organização de Cooperação de Xangai concordaram em lutar juntos contra "o terrorismo, o separatismo e o extremismo", cada Estado concordando efetivamente em reconhecer a definição dessas palavras escolhida pelos outros. Na prática, isso significa que, se a China disser que um de seus cidadãos exilados é um criminoso, a Rússia, o Cazaquistão ou qualquer outro membro fará com que ele seja deportado de volta à China. Mas essas definições começam a ser aplicadas em mais países, incluindo algumas democracias híbridas que se sentem pressionadas pela Rússia e pela China. A Tailândia, que não é membro da Organização de Cooperação de Xangai, deteve dissidentes russos e deportou membros da minoria uigur de volta à China. A Turquia, um país que até recentemente apoiou os uigures por simpatia e afinidade — eles são muçulmanos e falam uma língua turca —, começou a prendê-los e deportá-los. "Quando você se levanta contra a China", disse um dissidente uigur, "passa a ser uma ameaça onde quer que esteja."[36]

A China também observa atentamente a diáspora chinesa. Ativistas vivendo nos Estados Unidos e no Canadá foram visitados por agentes que tentaram persuadi-los — ou chantageá-los — a voltar para casa.[37] Alguns foram ameaçados por telefone ou on-line.[38] Ciping Huang, diretora-executiva da Fundação Wei Jing-sheng, assim nomeada em homenagem a um dos mais famosos ativistas chineses pela democracia, me contou que o escritório do grupo em Washington foi invadido mais de doze vezes na última década. Computadores desapareceram, linhas telefônicas foram cortadas e correspondências foram jogadas no vaso sanitário, presumivelmente para que os ativistas soubessem que alguém havia estado lá. Em 2023, o FBI prendeu duas pessoas por operarem uma "delegacia" ilegal em Nova York, um conjunto de escritórios usados por oficiais de segurança chineses para monitorar seus cidadãos e dissidentes.[39] O governo holandês também diz ter descoberto duas delegacias ilegais nos Países Baixos, e há relatos e rumores sobre outras.[40]

Autocracias menores seguiram o exemplo. Em fevereiro de 2024, quatro homens fingindo ser detetives chilenos sequestraram e assassinaram Ronald Ojeda, um ex-militar venezuelano exilado em Santiago, no Chile — seu corpo desmembrado foi encontrado sob um metro e meio de concreto nove dias depois.[41] O governo ruandês perseguiu, agrediu ou assassinou dissidentes exilados em ao menos seis países, incluindo a Bélgica, onde um ex-político foi encontrado boiando em um canal, e a África do Sul, onde um ex-líder militar foi alvejado no estômago. Paul Rusesabagina, que protegeu mais de mil pessoas do genocídio ruandês de 1994 e cuja história se tornou tema de um filme indicado ao Oscar, *Hotel Ruanda*, emigrou de seu país após um conflito com o presidente Paul Kagame. Embora morasse nos Estados Unidos, em 2020 ele foi ludibriado em Dubai e entrou em um avião privado com destino a Kigali, onde foi imediatamente preso.[42] Até mesmo a Índia, uma democracia híbrida, começou a rastrear oponentes políticos em todo o mundo. Em 2023, agentes indianos supostamente assassinaram Hardeep Singh Nijjar, um líder comunitário sikh, no Canadá, e conspiraram para assassinar outro nos Estados Unidos.[43]

O propósito primário dos ataques, claro, é eliminar, intimidar ou neutralizar os exilados políticos. Mesmo à distância, um crítico eloquente pode ter impacto através de um canal do YouTube ou de um grupo de WhatsApp, continuar afirmando suas crenças a despeito dos esforços do regime e se transformar em um símbolo de esperança. A repressão transnacional também degrada o Estado de direito nos países onde os crimes ocorrem. Pouco a pouco, a polícia do país-alvo se acostuma à violência; afinal, ela afeta sobretudo estrangeiros. Os oficiais governamentais simpáticos aos exilados ou a suas causas também se tornam apáticos ou desinteressados; afinal, têm outras coisas para fazer. As histórias não são cobertas pela imprensa local, ou cobertas apenas esporadicamente. A ideia de que China, Ruanda ou Irã *simplesmente não podem ser dissuadidos* — é essa a natureza deles, é assim que eles são — se torna parte da cultura. As democracias simplesmente passam a aceitar a ausência de lei, mesmo no interior de suas fronteiras. O que não surpreende, já que elas vêm aceitando a violência em uma escala muito mais ampla.

Em setembro de 2018, as Nações Unidas interferiram para desescalar a situação em Idlib, no noroeste da Síria. "Desescalar" é um eufemismo: é o que acontece quando os diplomatas não podem impedir uma guerra, mas, mesmo assim, tentam salvar vidas. A Síria era uma zona de guerra ativa, imersa na violência desde 2011. Naquele ano, o ditador sírio se voltara contra manifestantes pacíficos que esperavam pôr fim a seu brutal regime. Assad poderia ter perdido a guerra civil que se seguiu se o governo iraniano não tivesse enviado soldados, conselheiros, informações e armas, e se os militares russos não tivessem entrado no conflito em 2015.[44] Se os ditadores da Venezuela, do Zimbábue e da Bielorrússia foram amparados pelo mundo autocrático com propaganda, tecnologia de vigilância e auxílio econômico, Assad foi salvo de maneira menos sutil, por projéteis russos e iranianos.

Os dois exércitos tinham motivos diferentes. O Irã precisava de acesso ao território sírio para enviar armas e soldados a agentes próximos: ao Hezbollah no Líbano, ao Hamas na Palestina, e a pequenos grupos no Iraque e na própria Síria. A hostilidade da Síria em relação a Israel também era conveniente para os iranianos. Mesmo que não estivesse completamente alinhado à guerra religiosa da República Islâmica, Assad era outra alavanca, outra ameaça e outro aliado na região.

A lógica de Putin era mais ampla. Ele provavelmente interviu porque a Primavera Árabe que precedera o levante sírio o assustara, já que fora muito parecida com a "revolução colorida" que ele teme na Rússia, e porque desejava mostrar aos russos que a mobilização e o protesto político terminam em sangue. Além disso, ele queria preservar os antigos laços entre Rússia e Síria e provar que podia competir em pé de igualdade com os Estados Unidos no Oriente

Médio.⁴⁵ Dois anos antes, o presidente Barack Obama, apesar de suas promessas, recusara-se a intervir quando o governo sírio utilizou armas químicas — construídas com assistência iraniana.⁴⁶ Putin viu uma oportunidade de superar Obama e demonstrar o que realmente queria dizer com multipolaridade e nova ordem mundial. Nos anos seguintes, tropas russas, sírias e iranianas se esforçaram para violar cada possível norma e lei internacional que encontraram.

Um desses testes ocorreu em Idlib. Na época, a província era um dos poucos territórios ainda controlados pela oposição síria. Como parte de seus esforços para desescalar a situação, a ONU pediu que todos os participantes do conflito evitassem atingir hospitais e instalações médicas, e até mesmo forneceu ao governo russo suas coordenadas exatas, a fim de protegê-los. Mas, em vez de protegê-los, pilotos russos e sírios *usaram as coordenadas para guiar mísseis até os hospitais*. Após uma série de ataques diretos, as equipes médicas em solo pararam de compartilhar informações com a ONU.⁴⁷

Esse espantoso fato deveria ter alarmado o mundo. "Hoje, na Síria, o anormal é o novo normal. O inaceitável é aceito", disse Joanne Liu, presidente da organização Médicos sem Fronteiras. "A normalização de tais ataques é intolerável."⁴⁸ Mesmo assim, foi tolerada. Nenhuma medida especial foi tomada; na prática, a Europa e a América do Norte aceitaram os ataques russos a hospitais. Na prática, o mundo também aceitou o ataque aéreo sírio a um comboio da ONU que foi descrito, no relatório da entidade, como "meticulosamente planejado e implacavelmente executado [...] de modo a prejudicar de maneira deliberada o fornecimento de auxílio e ferir os trabalhadores humanitários".⁴⁹ A escala da violência na Síria ajudou a estabelecer as fundações para o surgimento do culto fanático ISIS; para o brutal ataque do Hamas a Israel em 7 de outubro de 2023; para o uso de hospitais como abrigos do Hamas em Gaza; e para os ataques israelenses a hospitais e outros alvos civis também em Gaza. Quando se descobriu que a Agência de Assistência aos Refugiados da Palestina abrigava combatentes do

Hamas, ninguém ficou surpreso: a ONU, incapaz de impedir que um membro de seu Conselho de Segurança violasse as regras, também era incapaz de impedir que funcionários de suas agências se envolvessem na violência sem regras.

A guerra síria criou outro tipo de precedente. Pela primeira vez, um lado do conflito deliberadamente transformou instituições internacionais e trabalhadores humanitários em foco central da propaganda de guerra. A mangueira de mentiras, os pseudojornalistas bancados pelo Kremlin e milhares de contas de mídias sociais, já conhecidas de outras campanhas, foram repetidamente usados para desacreditar a Organização para a Proibição de Armas Químicas, que investigava o uso de gás sarin e outros produtos químicos pela Síria, alegando que vídeos e outras evidências dos ataques eram falsos ou encenados.[50]

A mesma rede, impulsionada por acadêmicos, analistas, trolls e blogueiros da extrema esquerda e da direita alternativa no Reino Unido e nos Estados Unidos, também difamou os Capacetes Brancos, uma equipe de 3.300 voluntários sírios que ajudaram dezenas de milhares de pessoas a se recuperarem dos bombardeios, literalmente retirando-as dos escombros. Os Capacetes Brancos, mais formalmente conhecidos como Defesa Civil Síria, também documentaram os ataques do governo com fotografias, vídeos e testemunhos pessoais. Após o uso de gás sarin em 2017, um Capacete Branco disse ter visto pessoas "desmaiando, completamente inconscientes [...] com tremores e convulsões, espuma no trato respiratório e na boca".[51] As pessoas acreditaram nele porque os Capacetes Brancos eram pessoas comuns que ajudavam pessoas comuns, e seu trabalho gerava confiança. Os russos sabiam disso, e tentaram minar essa confiança, ligando o grupo ora a George Soros, ora à al-Qaeda, alegando que suas operações de resgate eram "encenadas" e chamando seus financiadores de apoiadores do terrorismo.

A campanha russa contra os Capacetes Brancos chegou a milhões de pessoas, sobretudo porque os propagandistas russos aprenderam a manipular os algoritmos antes mesmo de as plataformas sociais entenderem o que estava acontecendo. Em abril de 2018, digitei "Capacetes Brancos" no motor de busca do YouTube e descobri que sete dos dez primeiros resultados eram vídeos produzidos pelo RT.[52] Eles semeavam dúvida sobre se armas químicas haviam sido realmente usadas — e, mesmo que tivessem sido, argumentavam que a oposição síria, e não o governo, fora a responsável. Mais uma vez, a quantidade de material contraditório tinha como objetivo convencer as pessoas de que era impossível saber a verdade. Mas havia mais coisas em jogo. Os Capacetes Brancos despertavam sentimentos de solidariedade, humanidade e esperança. Para vencer a guerra, Rússia e Irã precisavam que os sírios comuns sentissem desespero e apatia, e que o restante do mundo sentisse impotência. E conseguiram.

Com o tempo, os europeus pararam de falar sobre a guerra. Em vez disso, focaram sua atenção em uma onda sem precedentes de refugiados sírios, grande o bastante para desestabilizar a política do continente e influenciar uma série de eleições, da polonesa em 2015 e do referendo do Brexit em 2016 às eleições parlamentares europeias de 2024. Preocupações com o número de migrantes foram amplificadas por trolls da extrema direita e campanhas russas, assim como vários ataques terroristas proeminentes, perpetrados por grupos com raízes ou financiamento no mundo autocrático. O mundo árabe também aceitou a violência na Síria. Tendo expulsado Assad por atirar em manifestantes desarmados em 2011, a Liga Árabe o recebeu de volta em 2023. Cinicamente, o ditador cujo regime fora salvo pela Rússia e pelo Irã aceitou a readmissão com um pedido de "não intervenção". "É importante deixar os assuntos internos do país para as pessoas mais capazes de lidar com eles", disse.[53]

Xi Jinping também endossou o resultado da guerra, indo ao Irã em 2016 para anunciar uma nova parceria com o regime que ajudara a destruir a Síria. "Decidimos transformar nosso relacionamento em [...] uma relação estratégica", declarou Xi.[54] O Irã criou um novo slogan de política externa — "Voltar-se para o leste" — e assinou um acordo dando à China acesso a seu petróleo, indústria petroquímica, infraestrutura, telecomunicações e serviços bancários. Esses acordos enfraqueceram as sanções que a administração Trump havia imposto ao Irã, o que era em parte o objetivo.[55]

Por fim, a guerra na Síria introduziu novas formas de engajamento militar. Além das forças militares russas e dos conselheiros iranianos, vários agentes e mercenários, ligados a Estados reconhecidos, mas com suas próprias fontes de financiamento (e, às vezes, seus próprios motivos) dominaram partes do campo de batalha. O primeiro deles foi o Grupo Wagner, o nome corporativo de vários grupos mercenários que se uniram para lutar no leste da Ucrânia em 2014 e foram para a Líbia e a Síria logo em seguida. Desde o início, o grupo foi financiado e abastecido pelo Estado russo, tanto diretamente quanto através de contratos governamentais obtidos por Evgueni Prigojin, na prática o CEO da organização.[56] Uma vez que o Grupo Wagner se anunciava como "grupo privado", o Estado russo podia se distanciar de suas atividades e das pessoas nelas envolvidas. Se morressem em combate, elas não seriam contadas como "soldados do exército russo", e o Estado não precisaria reconhecê-las. Ao contrário dos soldados regulares, os comandantes do Grupo Wagner também podiam fazer negócios nos lugares onde operavam, obtendo concessões de mineração ou exportação de minérios e outras mercadorias, tanto para lucro pessoal quanto para financiar seu equipamento e munição.

Agentes iranianos desempenharam um papel similar. O Hezbollah e o Hamas, assim como os hutis no Iêmen e muitos grupos menores, costumam ser descritos como organizações terroristas, e não grupos mercenários, mas alguns de seus métodos operacionais são semelhantes. Assim como os Estados da Autocracia S.A. não são ideologicamente uniformes, os agentes iranianos não compartilham nenhuma ideologia com o Grupo Wagner — e, às vezes, nem entre si mesmos.[57] Eles se parecem com suas contrapartes russas de outras maneiras. Assim como o Grupo Wagner, as organizações apoiadas pelo Irã recrutam soldados profissionais, possuem extensos interesses comerciais e realizam campanhas de propaganda. O Hezbollah tem um partido político no Líbano e produz séries e programas de TV.[58] O Hamas, antes de atacar Israel em outubro de 2023, governava Gaza como um feudo pessoal, um Estado autocrático em miniatura. Os hutis, treinados pelo Hezbollah, controlam uma região do Iêmen, mas também se veem como atores de um conflito global, tendo Israel e os Estados Unidos como principais oponentes. Eles sentem um desdém similar por regras internacionais de qualquer tipo e compartilham um radicalismo que, às vezes, é forte o suficiente para superar até mesmo a divisão xiitas-sunitas e outras diferenças religiosas.

Pacotes militares/financeiros similares, incluindo armas, soldados, propagandistas e conselheiros, estão sendo oferecidos a outros interessados. Os mercenários do Grupo Wagner chegaram ao Mali em 2021, convidados pelo regime militar após o golpe, a fim de substituir as forças francesas e outras que ajudavam a lutar contra a insurgência islâmica. Mesmo antes do golpe, meios de comunicação e organizações pró-russas e campanhas de desinformação no estilo russo contra a França e a ONU surgiram no país; desde o golpe, os russos obtiveram acesso a três minas de ouro locais, entre outros ativos.[59]

Uma história paralela se desenrolou na República Centro-Africana quando seu presidente convidou soldados do Grupo Wagner a lutarem contra uma insurgência. Agora, os mercenários protegem o presidente e reprimem de maneira brutal seus inimigos. Eles dirigem uma estação de rádio que produz propaganda russa e governamental e esbraveja contra "as práticas modernas de neocolonialismo".[60] Em março de 2022, um diplomata russo instruiu o Supremo Tribunal da República Centro-Africana a alterar a constituição, a fim de que o presidente pró-russo continuasse no poder para além do limite de dois mandatos.[61] Quando o juiz-presidente objetou, foi removido. Em troca desses serviços, os russos obtiveram licenças de mineração, às vezes pela intimidação dos donos anteriores, assim como direitos de exportação não taxada de diamantes, ouro e madeira.[62]

Assim como os fundadores de tantas startups bem-sucedidas, os investidores originais da operação africana do Grupo Wagner parecem estar contemplando a criação de uma franquia. Uma equipe do Royal United Services Institute da Grã-Bretanha descreveu a oferta russa a ditadores e futuros ditadores como um "pacote de sobrevivência do regime".[63] Tal pacote pode incluir proteção pessoal para o ditador; ataques violentos a seus inimigos políticos; ajuda na luta contra insurgências; campanhas de mídia convencional ou social que ecoam os temas da multipolaridade e do anticolonialismo; e contatos cleptocráticos que ajudam a elite a esconder dinheiro (e possivelmente também beneficiam os russos). Ao aceitar o pacote, o ditador local é separado de seus aliados democráticos, seja porque a violência e a repressão necessárias para mantê-lo no poder o tornam impalatável ou porque seus novos aliados russos insistem para que rompa laços com os antigos amigos americanos e europeus.

Talvez, no futuro, outras autocracias contribuam para esse pacote. Investimentos chineses podem ser oferecidos ao tipo certo de regime, a fim de ajudar a superar as sanções. O Irã pode fabricar uma insurgência islâmica para auxiliar na derrubada de um governo democrático já instável. Perícia no comércio internacional de narcóticos pode ser fornecida pelos venezuelanos; os zimbabuanos podem ajudar com o contrabando de ouro. Se tudo isso parece fantasioso, não deveria. Um mundo onde as autocracias trabalham juntas para permanecer no poder, promover seus sistemas e prejudicar as democracias não é uma utopia distante. É o mundo onde vivemos agora.

5. Caluniando os democratas

"Em anos recentes, várias ditaduras — de origem interna e externa — ruíram ou estremeceram quando confrontadas por pessoas desafiadoras e mobilizadas."[1]

Essas são as palavras de abertura de *From Dictatorship to Democracy* [Da ditadura à democracia], um panfleto icônico escrito pelo acadêmico americano Gene Sharp, que emergiu do mundo do pacifismo, dos direitos civis e do ativismo antiguerra da década de 1950 para se tornar, na década de 1990, um defensor da revolução pacífica. Estudante de Gandhi, King e Thoreau, Sharp acreditava que as ditaduras sobreviviam não por causa dos poderes ou personalidades incomuns dos ditadores, mas porque a maioria das pessoas que vivia sob seu jugo estava apática ou atemorizada. E defendia que, se elas superassem a apatia e o medo e se recusassem a obedecer, o ditador já não seria capaz de governar.

Sharp era um pragmático, não um sonhador. Ele se opunha ao uso da violência não somente por razões morais, mas porque essa é uma maneira inefetiva de lutar contra uma ditadura. "Ao confiar em meios violentos, escolhemos o tipo de conflito no qual os opressores quase sempre possuem superioridade." Os ativistas da democracia que usam a força contra um regime autocrático geralmente perdem. Eles têm menos recursos e poder de fogo que o Estado, e raramente são capazes de criar exércitos. Sharp argumentava que, em vez disso, os movimentos sociais devem "identificar o calcanhar de Aquiles" do ditador, as áreas onde ele é fraco ou vulnerável. Eles devem consolidar sistematicamente a oposição, combater o medo e a apatia, persuadir as pessoas a demonstrar resistência ao regime e privar os líderes de legitimidade. O objetivo é tomar o poder, mas de modo pacífico.

From Dictatorship to Democracy foi originalmente publicado em Bangkok em 1994, à guisa de manual para os ativistas birmaneses. Mas as sugestões de Sharp podiam ser aplicadas em quase toda parte, e acabaram sendo reimpressas em muitas línguas, de forma legal e ilegal. A parte mais frequentemente copiada era o apêndice, que continha uma lista de 198 táticas não violentas contra o autoritarismo. Elas incluíam discursos, cartas, declarações e petições em massa; canções e peças de protesto; escrita no céu e "métodos de não cooperação econômica"; greves de camponeses e prisioneiros; corpo mole no trabalho e greves-relâmpago; faltas coletivas por doença e uma dezena de outras. Sharp também listou "intervenções físicas", incluindo a "ocupação não violenta" dos espaços públicos e ações no âmbito financeiro, incluindo saques bancários, recusa em pagar taxas, dívidas ou juros e rescisão de fundos e crédito. E assim por diante.

Com o tempo, a lista adquiriu vida própria. Sem o nome de Sharp ou qualquer outra indicação de autoria, ela circulou no Cairo, em árabe, durante o levante da praça Tahrir em 2011.[2] Ele tinha 83 anos, e esse foi o auge de sua fama. Após a Primavera Árabe, seu perfil foi publicado duas vezes no *New York Times*. Sua influência foi citada em países como Sérvia, Síria, Venezuela, Bielorrússia e Irã. Ele foi atacado por seus supostos (e inexistentes) elos com a CIA.

Muitos líderes de manifestações em massa daquela época negaram ter sido influenciados por Sharp, e, em sentido estrito, provavelmente estavam dizendo a verdade. Os manifestantes adotavam essas táticas não por causa de algo que ele havia feito ou dito, mas porque elas já haviam sido empregadas em outros lugares e eram percebidas como efetivas. Ou melhor, *eram* de fato efetivas. Ativistas de todo o mundo olharam para o que acontecera nas Filipinas em 1986 ou na Alemanha Oriental em 1989 e decidiram fazer igual.

A maioria desses movimentos aprendeu muito mais uns com os outros do que com Gene Sharp, qualquer tipo de "agente estrangeiro" ou a CIA. Em 1980, muito antes de Sharp publicar seu panfleto, o Solidariedade — o movimento sindical independente, anticomunista e então ilegal da Polônia — criou uma logomarca que se tornou conhecida no país e no mundo: a palavra *solidarność*, em irregulares letras vermelhas contra um fundo branco, evocando a bandeira polonesa. Ela foi reproduzida em cartazes, presa em lapelas, impressa em jornais clandestinos e compreendida por toda parte como símbolo de oposição. Conhecendo a história desse símbolo, o Otpor (palavra que significa "resistência"), um movimento de jovens sérvios criado em 1998 para se opor a Slobodan Milošević, também elaborou uma logomarca: um punho preto e branco no interior de um círculo, com a palavra "Otpor" seguida de um ponto de exclamação. A mesma ideia, em formato diferente, foi adotada pelos ativistas georgianos, que usaram uma rosa vermelha, e pelos manifestantes que escolheram roupas alaranjadas para protestar contra as eleições fraudadas de 2004 na Ucrânia.

Sharp chamou essas táticas de "atos simbólicos", acreditando que serviam a um propósito que teria soado familiar a um velho filósofo da oposição cívica, o dramaturgo Václav Havel. Em um ensaio de 1978 chamado "O poder dos impotentes", Havel pediu a seus leitores que imaginassem um verdureiro — um cidadão comum do que era então a Tchecoslováquia — colocando "em sua vitrine, entre cebolas e cenouras, um cartaz com o slogan 'Trabalhadores do mundo, uni-vos!'".[3] Por que ele faz isso?

O verdureiro provavelmente não sente um entusiasmo genuíno pela classe operária internacional, escreveu Havel, nem liga para a união de seus membros. Ele coloca o cartaz na vitrine para demonstrar lealdade simbólica ao regime, sabendo que, se não fizer isso, terá problemas. Ele não irá para a prisão ou perderá o emprego, mas poderá "ser censurado por não ter a decoração adequada em sua vitrine; alguém pode até mesmo acusá-lo de deslealdade". Ele faz isso "porque essas coisas precisam ser feitas a fim de que possamos seguir com a vida".

O cartaz tem um segundo objetivo: ele ajuda o verdureiro a esconder de si mesmo sua obediência ao Estado. Ele pode ocultar seus motivos mais corriqueiros — o desejo de seguir com a vida — atrás de um motivo mais elevado: a "união dos trabalhadores do mundo". Mas, assim que alguém entra na loja imaginária usando um broche *Solidarność* (na Varsóvia de 1980), uma camiseta *Otpor* (na Belgrado de 1998), uma rosa (na Tbilisi de 2003) ou uma jaqueta alaranjada (na Kiev de 2004-5), a ideologia do verdureiro é revelada. Ele se vê diante de pessoas que decidiram dizer o que pensam e praticar aquilo em que acreditam, a despeito do regime. Para usar a linguagem de Havel, as pessoas que querem "viver na verdade".

Esses pequenos e simbólicos atos de bravura forçam o verdureiro a aceitar o fato de que vive uma mentira. Ele pode ou não modificar seu comportamento. Talvez responda se tornando um verdadeiro partidário do regime. Mas, ao menos, fez uma escolha consciente. Havel acreditava que, se todo mundo fosse forçado a escolher e comparar a propaganda com a realidade, mais cedo ou mais tarde as falsidades promulgadas pelo regime seriam expostas.

A exibição de símbolos — broches, flores, logomarcas, cores — para forçar as pessoas a escolherem um lado é somente uma de muitas táticas que se disseminaram de um movimento democrático para outro nas últimas décadas do século XX e nas primeiras do século XXI: nas Filipinas, na Coreia do Sul, em Taiwan, no mundo pós-soviético, no Oriente Médio — a Revolução dos Cedros no Líbano, o Movimento Verde no Irã, a Primavera Árabe — e além. A criação deliberada de elos entre diferentes grupos e classes sociais é outra tática. A revolução anticomunista húngara de 1956 só foi possível porque operários e, mais tarde, soldados e policiais se uniram ao protesto dos intelectuais de Budapeste. O movimento Solidariedade na Polônia em 1980-1 estabeleceu relacionamentos explícitos entre trabalhadores das docas em Gdańsk, liderados pelo eletricista Lech Wałęsa, e os "conselheiros" do sindicato, que eram jornalistas, advogados e historiadores de Varsóvia.

Criar laços entre diferentes classes e geografias não é somente uma questão de ativismo. Também requer uma ideia ou conjunto de ideias grande o bastante para superar as divisões sociais e de classe. Para alguns, os princípios universais de liberdade de ação e expressão são a questão mais importante. Outros são motivados pela experiência de injustiça ou violência por parte do Estado. Em muitos casos, a distância entre os princípios declarados da constituição e a realidade oferecida pelo regime é suficiente para inspirar pedidos de mudança. No Irã, relatos de fraude na eleição de 2009 geraram um movimento de protesto. Em 2011, quando ficou claro que Vladimir Putin planejava retornar ao poder — já tendo atingido o limite de dois mandatos —, manifestações contra eleições fraudulentas e inconstitucionais foram realizadas durante muitos meses em Moscou e São Petersburgo.

Em 2016, na Venezuela, depois que a oposição obteve a maioria no Parlamento, mas foi impedida de legislar, milhões de pessoas participaram de mais de mil protestos independentes. Em 2020, após uma eleição descaradamente roubada, os bielorrussos organizaram manifestações pela primeira vez em sua história. Eles vestiram vermelho e branco, as cores da bandeira bielorrussa alternativa (e ilegal), enquanto literalmente dançavam e cantavam nas ruas; policiais e soldados se uniram a eles, alguns arrancando a insígnia do uniforme e queimando-a em público.

Às vezes, a fama ou notoriedade do líder pode unir um movimento. Aung San Suu Kyi, filha de um dos líderes da luta pela independência que passara anos em prisão domiciliar, tornou-se o ponto focal óbvio da primeira e não inteiramente bem-sucedida revolução democrática de Mianmar. Mas o líder também pode ser apolítico, alguém percebido como de fora do sistema, acima do conflito e sem interesse em poder pessoal: Sviatlana Tsikhanouskaia, uma dona de casa cujo marido fora preso por ativismo político, tornou-se a primeira candidata presidencial e então líder dos protestos de 2020 na Bielorrússia precisamente porque era vista como alguém que se importava com pessoas comuns como ela mesma.

Em anos mais recentes, os ativistas se modernizaram, adotando táticas que nem Sharp nem Havel teriam imaginado. Ninguém precisa contrabandear *From Dictatorship to Democracy* ou "O poder dos impotentes" pela fronteira em uma era de serviços criptografados de mensagem. As VPNs — redes privadas virtuais — e outras ferramentas podem ser usadas para acessar informações bloqueadas na internet; mensagens podem ser divulgadas nas redes sociais, na dark web ou em aplicativos customizados. Financiar um movimento é mais fácil quando os ativistas podem transferir dinheiro uns para os outros usando bitcoin, evitando tanto o sistema bancário quanto a polícia secreta.

Na última década, nenhum grupo político aproveitou todas essas lições com maior habilidade e meticulosidade do que o movimento democrático de Hong Kong, que exigia que o regime chinês cumprisse suas promessas. Em 1997, quando os britânicos devolveram o território à China após 156 anos de governo colonial, a liderança chinesa prometeu que as liberdades econômicas e políticas seriam preservadas. A promessa estava encapsulada no slogan "um país, dois sistemas". Nas duas décadas seguintes, a China aumentou a pressão sutil e declarada sobre Hong Kong. Em 2014, Pequim modificou o sistema eleitoral do território autônomo a fim de permitir que o Partido Comunista vetasse antecipadamente os candidatos a chefe do poder executivo. Reconhecendo essa "reforma" como o início de um ataque à democracia e até mesmo uma tentativa de alterar a identidade de Hong Kong, os manifestantes iniciaram uma série de ocupações. Eles invadiram vários espaços públicos e chamaram seu movimento de Ocupação Central. Como carregavam guarda-chuvas para se proteger do gás lacrimogêneo e do spray de pimenta, ganharam outro nome: Revolução dos Guarda-chuvas. O protesto não atingiu seus objetivos, até porque se provou impossível ocupar os espaços públicos por muito tempo, mas os manifestantes aprenderam lições, estudaram seus erros e se prepararam para o que viria em seguida.

Em 2019, em função de uma lei que permitiria que criminosos fossem extraditados para a China — estendendo a jurisdição chinesa sobre Hong Kong —, uma ampla variedade de ativistas organizou uma nova rodada de manifestações. Dessa vez, não havia um líder individual que pudesse ser preso, nem comitês que pudessem ser infiltrados. Em vez de organizar longas ocupações do centro da cidade, os manifestantes surpreenderam a polícia ao surgir em diferentes locais, em diferentes dias. Eles usaram aplicativos para rastrear a movimentação dos policiais, pintaram os rostos para enganar as câmeras de vigilância e incentivaram uns aos outros a agirem "como a água": permanecendo flexíveis e alterando táticas a cada hora, se necessário.

Eles também aprenderam com as experiências alheias. Dos protestos nos Países Bálticos em 1989 tomaram emprestada a ideia de criar uma corrente humana. Com os protestos ucranianos em 2014, aprenderam a usar capacetes e máscaras de gás durante os conflitos com a polícia. Eles mantiveram o anonimato usando códigos e pseudônimos. Valeram-se de faixas e cartazes para chegar ao público em uma sociedade na qual grande parte da internet é controlada pelo Estado. Empregaram táticas de "não cooperação" para atrapalhar a vida cotidiana. Fizeram campanhas de financiamento coletivo para comprar anúncios na mídia internacional. Usaram as táticas de Sharp e muitas outras.

Seu objetivo não era somente modificar a política governamental, mas mudar a própria sociedade, criar consciência, ensinar as pessoas a resistirem a um regime autocrático e cada vez mais brutal — e eles conseguiram. Os manifestantes de Hong Kong conduziram a mais longa e difícil luta contra o autoritarismo chinês. Seus esforços foram mais consistentes e sistemáticos que os protestos da Praça da Paz Celestial em 1989, e mais inteligentes e flexíveis que sua própria Revolução dos Guarda-chuvas alguns anos antes. As manifestações transcenderam barreiras sociais e envolveram milhões de pessoas, ricas e pobres.

Mas, embora tenham vencido uma batalha após a outra, eles perderam a guerra. Enquanto escrevo, todos os líderes dos protestos em Hong Kong estão presos ou no exílio. Muitos dos que ainda permanecem trabalham em empregos subalternos.

Eles fizeram tudo certo. Mas foram derrotados porque as autoridades chinesas também estudaram as táticas propostas por Sharp e Havel. Elas analisaram longamente as maneiras de ridicularizar e minar atos simbólicos; de difamar e desacreditar líderes carismáticos; de usar as mídias sociais para disseminar falsos rumores e teorias da conspiração; de isolar e alienar as pessoas e romper os laços entre diferentes grupos e classes sociais; de eliminar exilados influentes; e, acima de tudo, de transformar a linguagem de direitos humanos, liberdade e democracia em evidências de traição. O restante da Autocracia S.A. também aprendeu essas lições.

Em abril de 2016, Evan Mawarire, um pastor pentecostal do Zimbábue, sentou-se em seu escritório, enrolou a bandeira nacional no pescoço, ligou a câmera do celular e apertou "gravar". Nos minutos seguintes, fez um breve e não ensaiado discurso de excepcional poder, descrevendo a bandeira do Zimbábue e o significado de suas cores, uma por uma:

> Eles dizem que o verde é por causa da vegetação e das plantações [...] mas não vejo nenhuma plantação em meu país.

> O amarelo é por causa de todos os minerais, do ouro, dos diamantes, da platina e do cromo [...] Não sei quanto ainda resta, não sei para quem venderam ou quanto ganharam.
>
> O vermelho, eles dizem que é por causa do sangue, o sangue que foi derramado para garantir minha liberdade, e sou muito grato por isso. Mas não sei se, caso estivessem aqui e vissem como está o país, aqueles que derramaram seu sangue não o exigiriam de volta.
>
> O preto é para a maioria, pessoas como eu. Todavia, por alguma razão, não me sinto parte dela.[4]

Anos depois, Mawarire me disse ter feito o vídeo por desespero. Ele havia tido uma boa educação, e queria poder educar seus filhos. Vivera no Reino Unido por vários anos, mas retornara ao Zimbábue em 2008, o momento no qual, brevemente, a mudança parecera possível. Mas, em vez de mudar, o Zimbábue mergulhara ainda mais profundamente na crise política e econômica. A inflação reduzira a nada a aposentadoria dos pais de Mawarire. Ele mesmo mal conseguia se sustentar. O desespero o levou a fazer o vídeo.[5]

Ele não tinha contatos especiais com estrangeiros, nenhum elo com europeus ou americanos promotores da democracia e nenhum histórico na política. Era um jovem pastor, não um político ou influenciador. Mas, embora nunca tivesse liderado um movimento, suas palavras vieram do coração. O colapso da economia zimbabuana, disse ele, "finalmente bateu à minha porta, e a realidade agora está presente na forma de uma mesa de jantar vazia".

O vídeo viralizou, assim como a hashtag #ThisFlag [#EstaBandeira]. Mawarire se tornou uma celebridade. As pessoas o abordavam nas ruas para agradecer. "Você expressou o que sinto há muitos anos", diziam elas. Ou então "Você expressou o que sinto há muito tempo, mas não sabia como canalizar". De início, ele pensou: "Isso vai passar. A excitação vai diminuir, então morrer, e nada acontecerá." Mas a excitação continuou a crescer. Durante um breve e revigorante momento, #ThisFlag se tornou um fenômeno nacional, um símbolo unificador do tipo descrito por Gene Sharp.

As pessoas comentaram e citaram o vídeo, e começaram a carregar bandeiras zimbabuanas em solidariedade às ideias que ele expressava. Vendedores ambulantes começaram a oferecer bandeiras, correndo para atender à nova demanda. Um mês depois de fazer o primeiro discurso #ThisFlag, Mawarire resolveu capitalizar o momento e filmar diariamente um vídeo durante 25 dias, na esperança de iniciar uma discussão real sobre o estado do país. O diretor do banco central concordou em se reunir com ele para debater a inflação e mudanças na moeda. O vídeo da reunião, à qual compareceram milhares de apoiadores #ThisFlag, também viralizou. Em julho, Mawarire convocou uma greve nacional. Milhões de pessoas ficaram em casa.

Tendo de início o ignorado, considerando seu vídeo um "golpe" e seu movimento "o peido de um pastor nos corredores do poder", o regime lentamente começou a considerá-lo uma ameaça real.[6] Jonathan Moyo, o ministro da Informação do Zimbábue, iniciou um movimento alternativo, #OurFlag, em apoio ao regime.[7] Mas, como a hashtag não decolou, os líderes adotaram uma direção diferente. Em vez de meramente trombetear propaganda sobre a grandeza do líder, como um ditador do século XX poderia ter feito, eles iniciaram uma campanha para minar o próprio Mawarire: sua autenticidade, sua espontaneidade e seu patriotismo, as próprias qualidades que haviam mobilizado os zimbabuanos.[8] Para lutar contra emoções reais, o regime tinha que retratar Mawarire como falso, inautêntico, manipulado por estrangeiros — não um patriota, mas um traidor.

O uso de campanhas personalizadas de difamação contra oponentes políticos não é novo. Em 64 a.C., Quinto aconselhou o irmão Cícero a encontrar "podres" de seus oponentes durante a campanha para se tornar cônsul romano.⁹ No século XX, o regime stalinista teve sucesso em difamar Trotski como traidor e espião, e, nas décadas de 1930 e 1940, Stalin prendeu dezenas de milhares de pessoas acusadas de serem traidoras e trotskistas. Mas os regimes autocráticos modernos dão um passo além, pois precisam difamar não somente seus oponentes, mas as ideias que eles defendem. Para isso, com frequência apresentam a linguagem usada por eles — palavras e expressões como "democracia", "justiça", "Estado de direito" — como evidência não de um desejo genuíno, popular e orgânico de mudança, mas de "traição", "elos estrangeiros" e, é claro, dinheiro estrangeiro.

Em 2009, depois que centenas de milhares de pessoas que objetavam contra as eleições fraudulentas se uniram aos mais amplos protestos da história da República Islâmica, as autoridades iranianas atiraram nos manifestantes, prenderam seus líderes e anunciaram que iriam "encontrar o elo entre os conspiradores e a mídia estrangeira".[10] Repetidas vezes, Hugo Chávez acusou seus oponentes de serem agentes "de direita" do imperialismo americano, mesmo quando esses oponentes se descreviam como socialistas. A alegação de que "George Soros" era o organizador das manifestações — o nome Soros funcionando como sinônimo de "conspiração judaica internacional" — foi usada repetidamente para difamar ativistas, primeiro pelo governo autocrático da Hungria, depois nos Estados Unidos, na Europa e até mesmo em Israel.[11] Vladimir Putin fez referência a Soros durante a entrevista coletiva realizada com Trump em Helsinque em 2018.

Em outras oportunidades, ele foi muito além, culpando Hillary Clinton, então secretária de Estado dos EUA, pelas manifestações em Moscou em 2011-12.[12] Segundo Putin, ela havia dado "um sinal" a "alguns atores no país" e ajudara a enviar centenas de milhões de dólares em "dinheiro estrangeiro" para levar os manifestantes às ruas. Em 2014, um site oficial russo alegou que os ucranianos que protestavam contra seu presidente corrupto eram "usados por planejadores muito distantes, com o único propósito de transformar a Ucrânia em uma 'anti-Rússia'".[13] A historiadora Marci Shore escreveu que os jornalistas russos que visitaram a praça Maidan no inverno de 2013-14, quando as manifestações estavam no auge, perguntavam repetidamente aos manifestantes que ajuda estavam recebendo dos americanos. "Eles simplesmente não conseguiam aceitar", explicou uma jovem, "que nos organizamos sozinhos." Como explica Shore, "a propaganda do Kremlin, a convicção de que a inteligência americana ou alguma outra força capaz de controlar o mundo estava puxando as cordinhas, revelava não somente uma intenção maliciosa, mas também a incapacidade de acreditar que os indivíduos pudessem estar pensando e agindo por si mesmos".[14]

Seguindo esse padrão, as autoridades do Zimbábue acusaram Mawarire de ser financiado por governos ocidentais, citando como evidência os retuítes e compartilhamentos de suas declarações por embaixadas estrangeiras. Mas também o atacaram por supostas fraudes financeiras. O lado comum de Mawarire, incluindo suas dificuldades financeiras, fazia parte de seu apelo. Moyo e sua equipe, portanto, retrataram-no como um fraudador que "angariou dinheiro de pessoas crédulas no Reino Unido somente para evitar o fisco". Um jornal do governo citou "fontes" que alegavam que #ThisFlag era "outro esquema financeiro do pastor".[15]

A campanha pública de difamação foi reforçada pela perseguição financeira, pelo controle dos movimentos de Mawarire e pela violência física, embora não chegando ao assassinato: o objetivo era assustá-lo e intimidar seus seguidores, não fazê-lo desaparecer completamente.

A Freedom House chamou esse tipo de campanha de "morte civil". No Zimbábue, como em tantos outros lugares, elas são projetadas para impossibilitar a vida produtiva.[16] Mawarire foi preso e torturado. "Posso contar sobre o interrogatório, que durou a noite inteira", disse-me ele. "Mas não posso contar sobre a tortura, por causa das coisas que eles fizeram comigo, coisas sobre as quais não falo publicamente." A pressão incluiu ameaças específicas a sua esposa e filhos, assim como a seus pais idosos. Eles perguntaram repetidamente: "Quem está financiando você, de onde está retirando sua influência, como fez para que o país inteiro entrasse em greve? Você deu dinheiro às pessoas?" Como os jornalistas russos na Ucrânia em 2013-4, eles simplesmente não acreditavam que alguém pudesse ser tão idealista, ou talvez tão ingênuo, a ponto de se colocar em perigo pela "democracia" ou pelo "patriotismo". *Você fez isso somente porque ama seu país? Impossível.*

Mawarire enfim foi liberto. Ele enviou a família para fora do país e, então, discretamente, atravessou a fronteira. Mas, em vez de diminuir, a campanha contra ele ganhou ímpeto. Mawarire presumiu que as pessoas entenderiam por que havia partido e ficariam satisfeitas ao saber que estava seguro. Afinal, os lendários líderes revolucionários anticoloniais do Zimbábue, Mugabe e Mnangagwa, também haviam passado algum tempo no exílio. Em vez disso, alguns apoiadores começaram a ecoar as palavras de Jonathan Moyo e da mídia debochada do regime. *Viu, eu disse que ele era um traidor. Viu, ele está indo viver no exterior, sustentado por seus patrões.* "A mesma mídia social que nos colocou lá em cima", disse Mawarire, "depois nos jogou no fundo do poço."

Depois que saiu do país, Mawarire foi "consumido pelos comentários negativos. Algo em mim queria provar que eles estavam errados. Algo em mim queria dizer 'Não sou covarde. E estava sendo genuíno'". Ele voltou ao Zimbábue e foi imediatamente preso e revistado no aeroporto. A polícia o levou para uma prisão de segurança máxima, onde ele foi novamente espancado, torturado e mantido em confinamento solitário. Por fim, ao ser liberto, tentou renovar sua campanha. Ele tentou organizar as pessoas e convocar outra greve geral, ao mesmo tempo que sofria repetidos ataques a sua integridade, finanças e intenções. Pouco a pouco, ficou claro que seus esforços seriam em vão. Em vez de promover mudanças, #ThisFlag alertara o sistema para o nível crescente de descontentamento. O regime reagiu de acordo, substituindo Mugabe por Mnangagwa em 2017. Quando lhe devolveram seu passaporte, Mawarire entendeu o recado. Ele e a família agora vivem no exterior.

"Eu quero voltar ao Zimbábue. Quem não quer voltar para casa?", disse-me. Mas ele não acha que fará isso em breve: "Da primeira vez em que se envolve, você é inocente e está entusiasmado, alimentando a crença e a esperança de que tudo acontecerá amanhã — posso ver, posso sentir, vamos conseguir. E então, quando aquilo que deseja está literalmente na sua frente, desaparece. É horrível. Então acontece novamente, e você aprende que vai demorar um pouco."

Ele está aprendendo a ser paciente.

"Eu queria fazer isso, levar a coisa até o fim e então voltar a ser pastor. Mas não é assim que funciona a luta pela liberdade e pela democracia. Ela atrai você. E então [...] o refaz; ela remodela todo o seu mundo."

Mawarire descobriu na pele algo que muitos governos autocráticos já aprenderam: campanhas de difamação funcionam. Quando um aparato estatal combina tribunais, política, mídia controlada pelo Estado e redes sociais para apresentar alguém de determinada maneira — para contar uma história particular sobre sua vida e suas crenças, acusá-lo de traição, fraude ou crime e, às vezes, prendê-lo e torturá-lo como resultado dessas falsas acusações —, algum fragmento de ódio sempre se liga à vítima.

Em eras anteriores, os regimes autocráticos com frequência solucionavam o problema da dissensão assassinando os dissidentes — e alguns ainda o fazem. Em 2018, a Arábia Saudita se livrou de Jamal Khashoggi, um proeminente crítico exilado e colunista do *Washington Post*, assassinando-o no consulado saudita em Istambul. Em 2012, o governo cubano encenou um acidente automobilístico que levou à morte de Oswaldo Payá, na época o mais importante ativista da democracia no país.[17] O regime de Putin assassinou uma ampla variedade de críticos, da jornalista Anna Politkovskaia em 2006 e do líder da oposição Boris Nemtsov em 2015 a Alexei Navalni, que foi envenenado duas vezes e então morreu em um campo de prisioneiros em 2024. Em 2023, a polícia chinesa espancou um jornalista freelancer, Sun Lin, de maneira tão violenta em sua casa em Nanjing que ele morreu algumas horas depois.[18]

Esses assassinatos seletivos e ocasionais não somente eliminam os oponentes difíceis, como também são uma forma de mensagem. A monarquia saudita, os serviços de segurança cubanos, o Kremlin e a polícia chinesa não precisam matar cada jornalista do país para fazer com que todos os jornalistas fiquem com medo. Os ditadores modernos aprenderam que a violência em massa do século XX já não é necessária: a violência seletiva muitas vezes é suficiente para manter as pessoas comuns afastadas da política, convencidas de que se trata de uma competição que jamais poderão vencer.

Mas, na maior parte do tempo, as autocracias modernas preferem silenciar os críticos sem criar cadáveres. Os funerais estão na lista de táticas não violentas de Gene Sharp. Heróis mortos podem se tornar mártires. O funeral de László Rajk em 1956 ajudou a impulsionar a revolução húngara alguns meses depois. Os funerais na África do Sul durante o apartheid com frequência se transformavam em poderosas manifestações contra o regime.[19] Os funerais em Mianmar cumprem essa função hoje.[20] O regime russo estava tão desesperado para evitar um funeral público para Navalni que tentou chantagear sua mãe, ameaçando deixar o corpo do dissidente apodrecer a menos que ela prometesse enterrá-lo em segredo; mais tarde, a família não conseguiu contratar um carro funerário e a entrada no cemitério foi restrita. As pessoas foram até lá mesmo assim, correndo o risco de serem presas e deixando montanhas de flores. É por isso que os autocratas modernos em geral preferem evitar assassinatos. Um mártir pode inspirar um movimento político, ao passo que uma campanha de difamação bem-sucedida pode destruí-lo.

As autocracias mais sofisticadas agora preparam antecipadamente tanto as bases legais quanto a propaganda dessas campanhas, criando armadilhas para capturar ativistas da democracia antes mesmo que eles ganhem credibilidade ou popularidade. Desde a primeira década do século XXI, as autocracias e algumas democracias iliberais começaram a promulgar leis, frequentemente similares, a fim de monitorar e controlar as organizações cívicas, incluindo as apolíticas e filantrópicas, muitas vezes rotulando-as de terroristas, extremistas ou traidoras. A assim chamada legislação antiextremismo na Rússia foi utilizada para bloquear qualquer um que expressasse oposição política.[21] A partir de 2001, o Iêmen aprovou uma série de leis, aparentemente copiadas do Egito, regulamentando as atividades de organizações não governamentais estrangeiras; leis similares surgiram mais tarde na Turquia, na Eritreia e no Sudão.[22]

Em 2009, Uganda promulgou uma lei dando à junta governamental o poder de regulamentar e até mesmo dissolver as organizações cívicas domésticas. Uma versão etíope da mesma lei dá a uma junta semelhante o direito de abolir organizações consideradas "prejudiciais à paz pública, ao bem-estar ou à ordem", uma linguagem suficientemente vaga para permitir a abolição de quase tudo.[23] O Camboja instituiu uma lei banindo qualquer organização cujas atividades "ameacem a paz, a estabilidade e a ordem pública ou prejudiquem a segurança nacional, a unidade nacional, a cultura e as tradições da sociedade cambojana", o que abrange praticamente qualquer atividade que o governo deseje banir.[24] Em janeiro de 2024, a Assembleia Nacional da Venezuela adotou uma nova lei que permite que o governo dissolva ONGs e imponha pesadas multas a seus membros caso não cumpram uma longa lista de requerimentos arbitrários.[25] Cuba, que não registra organizações independentes desde 1985, recentemente prendeu centenas de pessoas por participarem de grupos informais.[26]

Organizações com elos genuínos com o exterior recebem ainda mais atenção. Em 2012, a Rússia promulgou leis limitando os direitos de ONGs e organizações filantrópicas com financiamento internacional, exigindo que fossem publicamente rotuladas de "agentes estrangeiros", uma expressão que, tanto em russo quanto em inglês, soa muito como "espiões estrangeiros". Um governo georgiano iliberal tentou aprovar um projeto de lei muito parecido em 2023, desistiu após amplos protestos de rua e então voltou a tentar em 2024.[27] O Egito, da mesma forma, realizou investigações criminais sobre o "financiamento estrangeiro" de organizações cívicas.[28] O Sudão valeu-se de leis de segurança nacional para prender líderes de ONGs e acusá-los de "terrorismo".[29] O regime bielorrusso investigou e vasculhou as casas dos líderes de uma organização criada para ajudar pessoas com deficiência, novamente procurando indícios de "financiamento estrangeiro". Em 2016, a China promulgou uma lei dando aos serviços de segurança a responsabilidade de registrar e supervisionar organizações com elos internacionais, incluindo qualquer organização filantrópica nas áreas de saúde, bem-estar social e cultura com qualquer tipo de conexão com a diáspora chinesa.[30]

A maioria dessas medidas serve como falsa submissão ao Estado de direito, ajudando a justificar o que vem em seguida: com frequência não a perseguição política, mas uma falsa alegação de corrupção. Regimes profundamente corruptos invertem as acusações, enevoando a distinção entre si mesmos e seus oponentes. Em 2014, Alexei Navalni e seu irmão foram acusados de estabelecer acordos corruptos com uma empresa francesa de cosméticos, a Yves Rocher. O caso foi intrincado e difícil de entender; ainda assim, ele e o irmão foram presos. Em 2022, Navalni foi condenado a nove anos de prisão por crimes que incluíam "fraude". Em 2008, Leopoldo López, na época um dos mais populares líderes da oposição democrática na Venezuela, foi proibido de assumir cargos públicos depois que o regime o acusou de crimes financeiros; quase uma década depois, em 2017, Henrique Capriles foi impedido de concorrer à presidência por acusações similares.[31]

Mesmo quando são falsas ou exageradas e a maioria das pessoas sabe que são falsas ou exageradas, essas acusações têm impacto. Quando alguém é repetidamente vilificado, é difícil, mesmo para os amigos mais próximos, não pensar que deve haver *alguma* semente de verdade no que se está dizendo. Quando algo "secreto" é revelado sobre um ativista ou uma figura política, talvez com a publicação de uma conversa gravada ou de um e-mail vazado — uma tática empregada na Rússia desde a década de 1990, na Polônia em 2014 e nas eleições americanas em 2016, quando o Comitê Nacional Democrata foi hackeado —, isso cria a impressão de que a pessoa é desonesta e tem algo a esconder, mesmo quando a gravação ou o e-mail não contém nenhuma evidência de delito.

Acusações de corrupção contra dissidentes também desviam a atenção da corrupção do partido governante. Quando o regime venezuelano, com suas ligações com traficantes de drogas e o crime organizado, acusou López de corrupção — ou quando os infamemente corruptos líderes militares de Mianmar fizeram acusações similares contra Aung San Suu Kyi[32] —, parte do propósito era minar suas populares campanhas anticorrupção. Por mais fantásticas ou hipócritas que sejam, essas alegações também aprofundam o cinismo natural que as autocracias cultivam em seus cidadãos, reforçando a convicção pública de que todos os políticos são sujos, incluindo os da oposição, e todos eles, mesmo os dissidentes, devem ser tratados com suspeita.

Em vez de ter esperança e exigir mudanças, após a experiência de Mawarire os cidadãos do Zimbábue aprenderam a ficar longe da política e tratar todos os políticos, figuras públicas e líderes potenciais como igualmente perigosos, dúbios e indignos de confiança. Aliás, as alegações de corrupção contra Mawarire podem ter reconfortado alguns zimbabuanos, porque pareciam validar decisões tomadas por pessoas comuns. Qualquer um que já tivesse sido subornado para obedecer pode ter se sentido mais tranquilo: *Estão vendo, eles estão nisso pelo dinheiro, assim como eu.*

As campanhas de difamação modernas, mais sofisticadas, têm um propósito adicional: encorajam novas formas de participação popular. No auge da revolução cultural chinesa, locais de trabalho e escolas foram incentivados por Mao a identificar inimigos de classe e conduzir sessões de luta nas quais tais inimigos eram acusados de crimes de pensamento reais ou imaginários, humilhados e, às vezes, espancados e torturados pelos colegas. Mas as sessões de luta maoistas ocorriam em uma única sala. A internet agora permite que qualquer um se envolva, mesmo anonimamente. Os participantes podem contribuir com seus próprios memes e slogans, deliciando-se com temas xenofóbicos ou misóginos que, de outra forma, seriam tabus.

Às vezes, o Estado organiza a campanha e outros a seguem voluntariamente. Às vezes, os participantes são pagos. O governo venezuelano criou um sistema para transferir pequenos valores a pessoas que retuítam ou repostam sua propaganda.[33] O governo saudita usou milhares de contas reais e falsas do Twitter para atacar seus inimigos. Conhecidos como "exército de moscas", esses enxames incluem tanto contas geridas pelo governo quanto voluntários entusiasmados. Graças a essa parceria público-privada, a hashtag árabe "Confiamos em Mohammed bin Salman" foi usada mais de 1,1 milhão de vezes após o assassinato de Khashoggi.[34] A sensação de poder e conexão que as pessoas obtinham ao participar de multidões agora pode ser experimentada em casa, no laptop ou telefone, por trás de portas fechadas.

A dor, a ansiedade e a paranoia infligidas por esse tipo de campanha, especialmente quando dirigida por um Estado que também controla a polícia e os serviços de segurança, podem ser esmagadoras. Qualquer um submetido a uma campanha de trolagem, especialmente quando é apoiada pelo Estado, torna-se tóxico mesmo para a família e os amigos próximos. López, o líder venezuelano que passou sete anos na penitenciária ou em prisão domiciliar — e agora, como Mawarire, está no exílio —, me disse que, após uma longa ausência, visitou uma de suas amigas mais antigas. Após conversar com ele por alguns minutos, ela começou a chorar. "Sinto muito", disse ela, "mas nós duvidamos. Acreditamos no que estavam dizendo sobre você." Outros amigos contaram a López que, quando o defendiam on-line, eram soterrados. "É incrível o maquinário empregado pelos trolls." E não são somente os trolls que eles temem. Na Venezuela — assim como no Zimbábue, na Rússia, no Irã ou na China —, o regime também pode conduzir investigações financeiras, pressionar cônjuges e empregadores, fazer ameaças e mesmo usar violência não somente contra os oponentes, mas também seus apoiadores, amigos e familiares.

Tendo passado por isso, López disse que agora avisa aos colegas na Venezuela e em outros países, quando se tornam o centro das manifestações, para "estarem prontos para quando o protesto amainar" — e não levarem a coisa para o lado pessoal, porque esse é agora um padrão familiar. Uma espécie de desespero público frequentemente se segue à destruição de um movimento de oposição, sobretudo quando há emprego de violência. As pessoas ficam de luto pelos mortos e feridos. E tornam-se amargas quando perdem a esperança.

Em seguida, ficam furiosas. Porque a situação está pior, seus anseios foram negados e seus líderes as decepcionaram.

Para os habitantes da maioria das democracias modernas, as histórias de López e Mawarire podem soar horríveis e cruéis. Ao mesmo tempo, as descrições de turbas on-line, campanhas de difamação e disseminação de falsas acusações e narrativas podem soar familiares. As tecnologias concebidas no Vale do Silício e as táticas de relações públicas inventadas na avenida Madison muito tempo atrás se uniram ao comportamento ditatorial para criar campanhas coordenadas de perseguição virtual amplamente utilizadas não somente por ativistas amadores, e não apenas em campanhas de "cancelamento", mas por governos e líderes democraticamente eleitos de todo o mundo. De fato, elas com frequência são um sinal claro de declínio democrático.

Esse certamente foi o caso em 2020, quando uma troll profissional, contratada por um vice-ministro da Justiça e membro do que era então o partido governante da Polônia, o nacional-populista Lei e Justiça, começou a perseguir juízes cujas sentenças e comentários públicos criticavam políticas governamentais.[35] Ela enviou cartões vulgares ao presidente da Suprema Corte e informações difamatórias sobre outro juiz a todos os seus colegas. Também postou material sobre os juízes ("Vão se foder", escreveu em um post. "Vocês envergonham os juízes honestos e desonram a Polônia").[36] Seus esforços, que só foram revelados porque ela os descreveu a um site de notícias, foram apenas uma pequena parte de uma campanha governamental mais ampla para minar tanto o judiciário quanto o Estado de direito.

A campanha contra Denise Dresser, uma cientista política, colunista, feminista e ativista mexicana, apresentou algumas das mesmas características. A partir de 2020, o presidente do México, Andrés Manuel López Obrador, atacou-a com frequência durante as entrevistas coletivas que dava todas as manhãs. Dresser era esquerdista; como se apresentava como um homem de esquerda, López Obrador se sentia especialmente ameaçado pelas críticas dela às tentativas do governo de politizar o judiciário e a comissão eleitoral. Sua resposta foi apresentar Dresser como "parte da elite", "conservadora", alguém "contra o povo" e, é claro, traidora.[37]

Os trolls do presidente — alguns claramente profissionais, outros provavelmente voluntários espontâneos — aprofundaram os ataques. Eles chamaram Dresser de velha, feia, louca e menopáusica. Inventaram ou elaboraram histórias sobre seu divórcio e outros aspectos de sua vida pessoal. Criaram memes dela em uma camisa de força. Quando ela escreveu um texto em apoio à Ucrânia, foi desenhada como "instigadora da guerra" carregando uma bomba. As pessoas a fotografavam sub-repticiamente em locais públicos; uma dessas fotos, tirada em um Starbucks, parecia mostrá-la com o zíper do vestido aberto. A fotografia viralizou, com comentários sobre como Dresser vivia sozinha e sofria de demência.

As pessoas também fizeram ameaças, que ela precisou levar a sério. Em 2022, o México era o país mais perigoso do mundo para repórteres, com exceção das zonas de guerra, e a possibilidade de violência — de gangues de drogas, outros criminosos e fãs enraivecidos do presidente — era muito real. Líderes iliberais como López Obrador e Jarosław Kaczyński, o líder do partido polonês Lei e Justiça, simplesmente direcionam o ódio na direção de alguém e esperam para ver o que acontece. Na Polônia, uma campanha de difamação contra o prefeito de Gdańsk, Paweł Adamowicz, teve um fim trágico em 2019 quando um homem que havia assistido ao canal estatal enquanto estava na prisão invadiu o palco durante um evento público e o esfaqueou. Adamowicz morreu algumas horas depois.

No passado, o governo americano também abusou de seus poderes para atingir indivíduos. O FBI grampeou, perseguiu e manipulou o dr. Martin Luther King Jr.[38] O presidente Richard Nixon tentou, sem sucesso, usar o equivalente americano da Receita Federal para dificultar a vida de seus inimigos.[39] Não há — ao menos não enquanto escrevo — um exemplo contemporâneo de governo federal americano usando todos os seus instrumentos — legais, judiciais, financeiros —, combinados a uma campanha de ódio on-line, para perseguir um dos inimigos pessoais do presidente. Mas não é difícil imaginar como isso poderia acontecer.

Tanto durante quanto depois de ocupar a presidência, Donald Trump tentou gerar raiva e mesmo violência contra as pessoas de quem não gostava, incluindo juízes federais. Ele e seus seguidores perseguiram funcionários eleitorais que se recusaram a endossar suas falsas acusações sobre fraude nas eleições. Ele publicou o número de telefone do líder da maioria da legislatura de Michigan, que recebeu 4 mil mensagens de texto ameaçadoras, assim como informações pessoais sobre o presidente da câmara estadual da Pensilvânia, o que levou manifestantes a irem até sua casa.[40] Trump e sua equipe falsamente acusaram duas funcionárias eleitorais da Geórgia, Shaye Moss e sua mãe, Ruby Freeman, de encherem maletas com votos ilegais, uma alegação que levou a meses de uma perseguição frequentemente racista. Em 2023, Trump começou a falar sobre usar o Departamento de Justiça para prender seus inimigos, não por serem culpados de algo, mas porque, se ele retornar à presidência, desejará "vingança". Se ele conseguir usar os tribunais federais e as agências da lei contra seus inimigos, paralelamente a uma trolagem maciça, então a fusão entre os mundos autocrático e democrático estará finalizada.

Epílogo: Democratas Associados

O palácio de Vladimir Putin no mar Negro tem uma pista de hóquei e um bar de narguilés. Xi Jinping vive e trabalha no que costumava ser um jardim imperial. Ditadores de todo o mundo se reúnem em salas com candelabros dourados e lareiras de mármore.

Os democratas se reuniram em um hotel antigo e desordenado perto de Vilnius, com corredores escuros e vista para uma floresta. No outono de 2022, esse foi o local da primeira reunião do World Liberty Congress, um grupo de pessoas que lutam contra autocracias em todo o mundo. Políticos e ativistas da Rússia, Zimbábue, Irã, Sudão do Sul, Coreia do Norte, Nicarágua, Ruanda, Cuba e China conversaram em salas com mesas compridas e iluminação ruim, ao lado de colegas da Venezuela, Síria, Camboja, Bielorrússia e Uganda.

O ambiente modesto mascarava um tesouro de experiências. Conversei com um jovem de paletó de tweed. "Você provavelmente acha que sou de Hong Kong", disse ele. Usava óculos com armação de metal e falava o inglês claro e de sílabas curtas que é comum nas ex-colônias britânicas. Sim, respondi, eu achava que ele era de Hong Kong. "Sou da Coreia do Norte", respondeu. Aquele era Timothy Cho. Abandonado pelos pais aos 9 anos, ele crescera como criança de rua, fugira da Coreia do Norte duas vezes, fora preso quatro vezes e, quando o conheci, tentava se tornar candidato ao Parlamento pelo Partido Conservador do Reino Unido.

Mais cedo naquele dia, Bobi Wine, um músico de Uganda que quase fora presidente — talvez, se os votos fossem contados de forma correta, ele fosse o presidente legítimo —, falou ao grupo. Ele argumentou contra o uso da palavra "oposição". Não, afirmou, não somos *oposição*; somos *opção*, uma opção melhor: "Devemos adotar uma linguagem positiva. Não somos vítimas." À noite, conversei com dois russos que preferem permanecer anônimos. Eles coordenam uma campanha furtiva contra a mobilização militar, esperando conseguir advogados e defensores legais para aqueles que não querem ser convocados. Haviam tomado a momentosa decisão de não sair do país, porque achavam que persuadir as pessoas a não lutar era a melhor coisa que podiam fazer para pôr fim à guerra na Ucrânia.

A maioria dos participantes se reunia pela primeira vez. Até pessoas do mesmo continente só se conheciam por nome ou reputação. Na África, disse um deles, o comércio e o diálogo com europeus a 3 mil quilômetros de distância podiam ser mais fáceis que com africanos do outro lado da fronteira. Mas, quando conversaram, eles descobriram ter experiências similares, tendo sido expostos às mesmas campanhas de difamação e vivido sob os mesmos regimes, cujos líderes lavam dinheiro e falam sobre "multipolaridade". Para eles, Autocracia S.A. não é o título de um livro, mas uma realidade que enfrentam cotidianamente. Ao compartilhar experiências, eles aprenderam a ver os padrões, antecipar as táticas que serão usadas contra eles e se preparar para resistir a elas.

Nove meses antes, eu estivera presente na sala reservada de um restaurante em Nova York enquanto um grupo menor de exilados políticos planejava a cúpula de Vilnius. López, o líder da oposição venezuelana, começara lembrando a todos que, embora os autocratas trabalhem juntos para se manter no poder, não há "aliança entre os que lutam pela liberdade". Garry Kasparov, o campeão de xadrez e defensor da mudança política na Rússia, dissera ser importante mostrar que "estamos unidos, representamos um movimento de massa e temos apoio do mundo livre". Masih Alinejad, a ativista cuja campanha nas redes sociais persuadira milhares de mulheres iranianas a abandonarem o véu, afirmara acreditar que, "se eles nos ouvirem e nos entenderem", as forças combinadas dos ativistas da democracia poderiam moldar o debate em Washington e no Vale do Silício: "Não lutamos apenas por nossos povos. Lutamos pela democracia em toda parte, mesmo no Ocidente." Todos queriam ter impacto não somente em seus próprios países, mas em todo o mundo democrático. Já haviam entendido que a liberdade de uma nação frequentemente depende da força da liberdade em outras.

A linguagem que empregavam soava quase como uma versão global do manual de Gene Sharp. Somos mais numerosos que eles. Nós, os proponentes da liberdade, podemos superar os defensores da ditadura. Mas eles também entendiam que já não vivemos na era de Gene Sharp. Não existe uma praça global na qual López, Kasparov e Alinejad possam protestar ao lado de Evan Mawarire do Zimbábue, Sviatlana Tsikhanouskaya da Bielorrússia e Rosa María Payá, a filha de Oswaldo Payá, que dirá organizar dezenove tipos diferentes de greve e catorze outras formas de protesto. Em vez disso, a tradução de suas palavras em algo útil requer uma maneira diferente de pensar sobre a política. "Primeiro", disse López, "precisamos reenquadrar o problema." E ele está certo.

Os estudantes de política externa ocidentais, sobretudo os americanos, com frequência olham para o mundo como uma série de questões separadas — Leste Europeu, Oriente Médio, mar da China Meridional —, cada uma delas exigindo uma equipe própria de especialistas. Mas não é assim que as autocracias veem o mundo. Putin apoia movimentos extremistas e de extrema direita na Europa e fornece combatentes e armas a ditaduras africanas. Ele busca a vitória na Ucrânia criando escassez de alimentos e inflando o preço da energia em todo o mundo. O Irã mantém representes no Líbano, na Palestina, no Iêmen e no Iraque. Agentes iranianos bombardearam uma comunidade judaica no centro de Buenos Aires, executaram vários assassinatos em Istambul e Paris, planejaram assassinatos nos Estados Unidos e financiaram veículos de mídia em países falantes de árabe e espanhol. O ditador bielorrusso tentou desestabilizar seus vizinhos atraindo refugiados do Oriente Médio e ajudando-os a entrar ilegalmente na Europa. Tropas cubanas lutaram contra a Ucrânia e membros da polícia secreta cubana ajudam a proteger o regime de Maduro na Venezuela.[1] A China, com profundos interesses econômicos e políticos na África e na América Latina, já há muitos anos não pensa em si mesma como potência "asiática".

As autocracias observam as derrotas e vitórias umas das outras, adequando seus movimentos para criar o máximo de caos. No outono de 2023, tanto a União Europeia quanto o Congresso americano se viram incapazes de enviar auxílio à Ucrânia porque minorias com profundos laços com a Rússia, lideradas respectivamente por Viktor Orbán na Hungria e por um punhado de republicanos nacionalistas no Congresso, muitos seguindo instruções de Donald Trump, bloquearam a maioria e retardaram a intervenção. Uma narrativa promovendo a "fadiga em relação à Ucrânia" se espalhou pela internet, impulsionada por representantes russos e pela mídia chinesa em múltiplas línguas.

Exatamente no mesmo momento, militantes do Hamas apoiados pelos iranianos iniciaram um brutal ataque a Israel. Nas semanas que se seguiram, militantes hutis apoiados pelos iranianos começaram a atirar em petroleiros e cargueiros no mar Vermelho, prejudicando o comércio global e distraindo os Estados Unidos e a Europa da guerra na Ucrânia. O ditador azeri Ilham Aliyev já usara o mesmo momento de distração global para capturar os territórios disputados de Nagorno-Karabakh e expulsar 100 mil armênios, toda a população, em questão de dias.[2] Na primavera de 2024, hackers chineses foram descobertos nos bancos de dados do Parlamento britânico e nos computadores de seus membros.[3] Em Bruxelas, Varsóvia e Praga, uma investigação multinacional revelou uma ampla campanha russa de compra de influência, incluindo pagamentos a membros do Parlamento europeu e tentativas de interferir nas eleições europeias.[4]

Entrementes, no hemisfério ocidental, o presidente Maduro disse estar contemplando a invasão e ocupação de uma província da vizinha Guiana. Enquanto ele anunciava seus planos, centenas de milhares de cidadãos venezuelanos, empobrecidos por suas políticas, atravessavam a América Central na direção da fronteira americana. O número sem precedentes de refugiados ajudou a alimentar uma reação populista e xenofóbica nos Estados Unidos e aumentar o apoio à ala nacionalista do Partido Republicano, que apoiava Putin abertamente em seus esforços para destruir a Ucrânia.

Essa policrise multifacetada, interconectada e autorreforçadora não foi coordenada por uma única mente e não é evidência de uma conspiração secreta. Esses episódios, considerados em conjunto, demonstram como as autocracias estenderam sua influência por diferentes esferas políticas, econômicas, militares e informacionais. Também demonstram quanto dano elas podem causar quando trabalham oportunisticamente juntas, na direção de seu objetivo comum: prejudicar as democracias e os valores democráticos, no interior de seus próprios países e em todo o mundo. Recordemos a declaração de Xi Jinping e Vladimir Putin em 4 de fevereiro de 2022, na véspera da invasão da Ucrânia. Eles denunciaram a "interferência nos assuntos internos de Estados soberanos sob o pretexto de proteger os direitos humanos e a democracia". Exigiram que o mundo externo "respeite a diversidade cultural e civilizacional e o direito à autodeterminação dos povos de diferentes países". E avisaram, furiosos, que qualquer discussão de padrões democráticos, que chamaram de "tentativas de hegemonia", seriam "graves ameaças à paz e à estabilidade global e regional e minariam a estabilidade da ordem mundial".[5]

Outros usaram uma linguagem ainda mais brutal e extrema, ameaçando abertamente atrocidades em massa ou guerra — uma linguagem que ninguém, no mundo democrático, levou a sério ou se dispôs a rebater. Durante uma reunião com Putin em setembro de 2023, o ditador da Coreia do Norte, Kim Jong Un, ofereceu apoio total e incondicional ao "sagrado direito" da Rússia de "punir o mal que reivindica hegemonia".[6] Alguns meses depois, em janeiro de 2024, Kim pareceu abandonar suas tentativas anteriores de reconciliação, defendendo uma mudança constitucional que identificaria a democrática Coreia do Sul como principal inimiga da Coreia do Norte, desmantelando todas as instituições que haviam promovido a unificação e a troca interfronteiras e avisando sobre uma guerra que iria "destruir a entidade chamada República da Coreia e pôr fim a sua existência".[7] Na mesma semana, Dmitri Medvedev, ex-presidente e ex-primeiro-ministro da Rússia, chamou a Ucrânia de "câncer" e pediu a destruição não somente do atual governo ucraniano, mas de "qualquer versão da Ucrânia".[8] Pouco depois, mostrou um mapa da Rússia que incorporava quase toda a Ucrânia moderna e distribuía o restante do território entre a Polônia e a Hungria.[9]

Mesmo assim, comecei com a ideia de que não estamos vivendo uma nova Guerra Fria, uma "Guerra Fria 2.0", e repito essa afirmação. Em nenhum sentido a competição moderna entre ideias e práticas autocráticas e democráticas replica diretamente o que enfrentamos no século XX. Não há "blocos" aos quais se unir e nenhum Muro de Berlim marcando divisões geográficas claras. Muitos países não se encaixam confortavelmente em nenhuma das categorias, democracia ou autocracia. Como demonstrei, algumas autocracias — Emirados Árabes Unidos, Arábia Saudita, Singapura, Vietnã — buscam cooperação com o mundo democrático, não querem derrubar a Carta da ONU e ainda veem vantagens nas leis internacionais. Algumas democracias — Turquia, Israel, Hungria, Índia, Filipinas — elegeram líderes mais inclinados a violar que a defender as convenções de direitos humanos. Como são amplamente transacionais, as alianças autocráticas podem mudar, e com frequência o fazem.

Também há divisões no interior dos países. Há poderosos e importantes movimentos democráticos na Venezuela e no Irã. Há significativos movimentos e políticos autocráticos nos Estados Unidos, na Alemanha, na Polônia, nos Países Baixos, na Itália e na França. Ao mesmo tempo, a economia mundial é muito mais complexa do que era no século XX, e é inútil fingir que não existem conflitos de interesse. A cooperação global será necessária para mitigar as mudanças climáticas e outros desafios ambientais. Os Estados Unidos e a Europa negociam intensamente com a China, e não é fácil nem desejável romper abruptamente esses elos comerciais.

Por todas essas razões, as democracias da América do Norte, América Latina, Europa, Ásia e África — junto com os líderes da oposição democrática na Rússia, China, Irã, Venezuela, Cuba, Bielorrússia, Zimbábue, Mianmar e outros países autocráticos — deveriam pensar na luta pela liberdade não como uma competição contra Estados autocráticos específicos, e certamente não "contra a China", mas como uma guerra contra *comportamentos* autocráticos, onde quer que ocorram: Rússia, China, Europa, Estados Unidos. Para isso, precisamos de redes de advogados e servidores públicos que lutem contra a corrupção em nossos países e no mundo, em cooperação com os ativistas democráticos que entendem melhor do que ninguém como funciona a cleptocracia.

Precisamos de coalizões militares e de inteligência que possam antecipar e impedir a violência desregrada. Precisamos de guerreiros econômicos em múltiplos países, rastreando o impacto das sanções em tempo real, descobrindo quem as está violando e tomando medidas para impedir que isso aconteça. Precisamos de pessoas dispostas a se organizar on-line e coordenar campanhas para identificar e destruir a propaganda desumanizante. As autocracias querem criar um sistema global que beneficia ladrões, criminosos, ditadores e assassinos em massa. Nós podemos impedi-las.

Pôr fim à cleptocracia transacional

Um oligarca russo, angolano ou chinês pode ter uma casa em Londres, uma propriedade no Mediterrâneo, uma empresa em Delaware e um fundo na Dakota do Sul sem jamais revelar sua identidade às autoridades fiscais. Intermediários americanos e europeus — advogados, banqueiros, contadores, agentes imobiliários, conselheiros de relações públicas e "gestores de reputação" — tornam isso possível. Seu trabalho é legal. Fomos nós que o tornamos legal. Podemos facilmente torná-lo ilegal. Todo ele. Não precisamos tolerar nem um pouquinho de corrupção. Podemos simplesmente acabar com o sistema inteiro.

Podemos, por exemplo, exigir que todas as transações imobiliárias nos Estados Unidos e na Europa sejam transparentes. Podemos exigir que todas as empresas sejam registradas por seus donos reais e que todos os fundos revelem os nomes dos beneficiários. Podemos impedir nossos cidadãos de manter dinheiro em jurisdições que promovem o segredo e proibir advogados e contadores de se engajarem com eles. Isso não significa que eles deixariam de existir, mas seriam mais difíceis de usar. Podemos fechar as brechas legais que permitem anonimidade também nos fundos de hedge e de private equity. Podemos criar agências fiscalizadoras efetivas e ajudá-las a operar através das fronteiras de países e continentes. Podemos fazer tudo isso de forma coordenada com nossos parceiros ao redor do mundo.

Haverá enorme resistência: se fosse fácil desmantelar o sistema, já teria acontecido. Os mecanismos de lavagem de dinheiro são difíceis de entender e ainda mais difíceis de policiar. Transações anônimas podem passar por muitas contas bancárias, em muitos países, em questão de segundos, ao passo que qualquer um tentando seguir o dinheiro e entender o que aconteceu pode precisar de anos. Os governos com frequência são ambivalentes sobre a ação legal contra pessoas poderosas. Servidores públicos encarregados de rastrear acordos complexos e secretos no valor de bilhões de dólares podem ter baixos salários e não querer antagonizar pessoas com muito mais dinheiro e influência. Os poderosos se beneficiam do sistema existente, querem mantê-lo operante e possuem profundas conexões no espectro político. Sheldon Whitehouse, um senador americano que há muitos anos defende maior transparência financeira, certa vez me disse que faz isso em parte porque "as mesmas técnicas de ocultação usadas para facilitar atividades criminosas internacionais também facilitam as atividades políticas dos interesses especiais domésticos". Os indivíduos que se beneficiam do segredo financeiro frequentemente buscam obter influência política direta, e isso os torna mais difíceis de bloquear. Ihor Kolomoisky, o oligarca ucraniano que escondeu seu dinheiro em esquemas imobiliários em todo o Meio-Oeste americano, ao que parece tentou preservar seu império conquistando influência na administração Trump, inclusive se oferecendo para contar ao presidente "podres" sobre Joe e Hunter Biden, alguns dos quais foram repassados ao advogado pessoal de Donald Trump, Rudy Giuliani. Kolomoisky alegou o oposto — que estava revelando a história, não a protagonizando —, mas isso pode muito bem ter sido uma tentativa de conseguir influência na administração Biden.[10]

Por todas essas razões, nenhum político, partido ou país sozinho pode reformar o sistema. Uma coalizão internacional terá que modificar a legislatura, pôr fim às práticas secretas e restaurar transparência ao sistema financeiro internacional. Uma rede anticleptocracia poderia incluir aqueles funcionários dos ministérios do Tesouro e das Finanças da Europa, da Ásia e da América do Norte que já começaram a entender quantos danos a lavagem de dinheiro e o dinheiro de origem obscura causam a suas economias. Eles poderiam trabalhar com líderes comunitários de Londres, Vancouver, Miami e outras cidades cujos cenário, mercado imobiliário e economia foram distorcidos por russos, angolanos, venezuelanos e chineses comprando propriedades para armazenar riqueza.

A coalizão também poderia incluir os ativistas que, mais do que aqueles que estão de fora, sabem como o dinheiro é roubado em seu país e como comunicar essa informação. Alexei Navalni foi assassinado pelo Estado russo precisamente porque era muito bom nas duas coisas. Nos anos que antecederam sua prisão final, Navalni fez uma série de documentários para o YouTube que ligavam líderes russos a esquemas financeiros e redes de facilitadores. Os vídeos fizeram sucesso porque eram profissionais, incluíam detalhes chocantes — o bar de narguilés e o ringue de hóquei na vulgar residência de Putin no mar Negro, assim como o vinhedo, o heliporto e a fazenda de ostras — e ligavam essas histórias à pobreza dos professores, médicos e funcionários públicos da Rússia. *Vocês têm estradas ruins e assistência médica precária*, disse Navalni aos russos, *porque eles têm vinhedos e fazendas de ostras.*

Tratava-se de jornalismo investigativo, mas projetado para mobilizar as pessoas — para explicar a conexão entre elas e os palácios construídos por governantes distantes —, e funcionou. Alguns vídeos receberam centenas de milhões de visualizações. Imagine o mesmo projeto apoiado por governos democráticos, pela mídia e por ativistas de todo o mundo. Não somente investigações judiciais, mas campanhas para levá-las ao conhecimento público e conectá-las à vida das pessoas comuns. Assim como o mundo democrático já construiu uma aliança anticomunista internacional, os Estados Unidos e seus aliados poderiam construir uma aliança anticorrupção internacional, organizada em torno da ideia de transparência, prestação de contas e justiça, e aprimorada pelo pensamento criativo encontrado na diáspora das autocracias e nas próprias democracias.

Não devemos lutar na guerra de informação, mas sabotá-la

Os autocratas modernos levam informações e ideias a sério. Eles entendem a importância não somente de controlar a opinião pública no interior de seus próprios países, como também de influenciar os debates em todo o mundo. E investem nisso: em redes de televisão, jornais locais e nacionais, redes de trolls. Cortejam políticos e líderes comerciais nos países democráticos a fim de conseguir defensores locais. Trabalham juntos para amplificar as mesmas teorias da conspiração e os mesmos temas em diferentes plataformas.

Nas três décadas desde o fim da Guerra Fria, os Estados Unidos e seus aliados acharam que não precisavam competir nessa esfera, porque as boas informações venceriam a batalha no "mercado de ideias". Mas não existe um mercado de ideias, ao menos não um mercado livre. Em vez disso, algumas ideias foram turbinadas por campanhas de desinformação, por pesados investimentos de empresas de mídia social cujos algoritmos fornecem conteúdo emocional e divisor e talvez, em alguns casos, por algoritmos projetados para promover narrativas russas ou chinesas de modo similar. Desde a primeira vez que encontramos a desinformação russa no interior de nossas sociedades, imaginamos que nossas próprias formas de comunicação poderiam vencê-la sem qualquer esforço especial. Mas ninguém que estude a propaganda autocrática acredita que verificação de fatos ou reações rápidas sejam suficientes. Quando a correção é feita, a mentira já viajou pelo mundo. Nossos antigos modelos jamais reconheceram o fato de que muitas pessoas *desejam* a desinformação. Elas são atraídas por teorias da conspiração e não necessariamente buscam fontes confiáveis de notícias.

Para começar a reagir, precisamos reconhecer que enfrentamos uma epidemia de lavagem de informações e expô-la sempre que possível. Em 2023, o governo americano começou a fazer isso. O Centro de Engajamento Global (CEG) do Departamento de Estado organizou as informações coletadas pelo restante do governo e expôs uma série de campanhas russas *antes* que ocorressem, uma tática que James Rubin, que dirige o CEG desde 2022, chama de *prebunking* [filtro preventivo]. O CEG revelou a campanha para disseminar desinformação sobre saúde na África, identificando os russos envolvidos e informando a mídia dos países mais afetados.[11] Além disso, expôs o plano russo de coordenar desinformação na América Latina, usando o Pressenza e outros sites, e informou a mídia de língua espanhola. O governo francês, juntamente com várias instituições da União Europeia, expôs o RRN, o grupo que criou a rede de *typosquatters* na França e na Alemanha. O governo alemão revelou outra operação, incluindo 15 mil contas falsas no Twitter, que escreveram mais de 1 milhão de mensagens no fim de 2023, muitas insinuando que o governo alemão negligenciava seus cidadãos ao enviar armas e auxílio à Ucrânia.[12] Ao descrever essas campanhas de maneira antecipada, os governos americano, francês e alemão esperam que algumas pessoas estejam ao menos conscientes de sua existência.

EPÍLOGO: DEMOCRATAS ASSOCIADOS

É claro que o problema é muito mais profundo: nenhuma dessas campanhas teria qualquer chance de sucesso se as plataformas de redes sociais que as abrigam não fossem tão fáceis de manipular. A reforma dessas plataformas é um tópico vasto, com implicações que vão muito além da política externa, e a resistência a sequer discutir civilizadamente a regulamentação da mídia social é imensa. As plataformas estão entre as empresas mais ricas e influentes do mundo, e, como aquelas que se beneficiam da lavagem de dinheiro, fazem lobby contra a mudança; o mesmo fazem muitos políticos, especialmente da extrema direita, que apreciam o sistema atual. Juntos, eles evitam qualquer debate produtivo, mesmo enquanto o diálogo on-line piora a olhos vistos. Depois que Elon Musk comprou o Twitter, essa rede social rapidamente se tornou um amplificador ainda mais poderoso de narrativas extremistas, antissemitas e pró-russas. O TikTok, a rede social chinesa, ainda é uma potente e pouco entendida fonte de desinformação, sobretudo por ser totalmente nebulosa. Não sabemos se ela está sendo usada para modelar a política americana ou para coletar dados de usuários. Enquanto isso, a extrema direita americana passou do debate político legítimo sobre a regulamentação das plataformas on-line para uma discussão sobre "banimentos" e "livre expressão", atacando os acadêmicos e outros pesquisadores que tentam entender como o mundo virtual funciona e como poderia ser mais transparente.

Mas, assim como o sistema financeiro, o sistema de informação é baseado em uma série de leis, regras e regulamentações, e todas elas podem ser alteradas, se nossos políticos estiverem preparados para agir. A transparência pode substituir a obscuridade. Os usuários das plataformas de mídia social deveriam ser capazes de controlar seus próprios dados e determinar o que pode ser feito com eles. Deveriam ser capazes de influenciar diretamente os algoritmos que determinam o que veem. Os legisladores das democracias poderiam criar meios técnicos e legais para dar às pessoas mais controle e mais escolhas, e para responsabilizar as empresas cujos algoritmos promovam conteúdo ligado a atos terroristas. Os cientistas deveriam ser capazes de trabalhar com as plataformas a fim de entender melhor seu impacto, assim como cientistas do passado trabalharam com a indústria alimentícia para garantir mais higiene e com a indústria petrolífera para evitar danos ambientais.

Como na luta contra a cleptocracia, a luta por conversas baseadas em evidências requer coalizões internacionais mais amplas. Os Estados Unidos e seus aliados precisam unir forças entre si e com empresas de mídia para transformar Reuters, Associated Press e outros veículos confiáveis no padrão global de notícias, em vez de Xinhua e RT. A ação conjunta, iniciada por governos e empresas privadas, pode ser necessária para garantir que a programação e as informações chinesas não sejam sempre a opção mais barata na África ou na América Latina. Nenhum governo democrático deve presumir que os argumentos em prol da democracia ou do Estado de direito são óbvios ou autoevidentes. As narrativas autoritárias são projetadas para minar o apelo inato dessas ideias, para caracterizar a ditadura como estável e a democracia como caótica. A mídia, as organizações civis e os políticos democráticos precisam rebater essas narrativas e defender a transparência, a prestação de contas e a liberdade — em solo doméstico e ao redor do mundo.

Um esforço conjunto também pode ajudar os cidadãos das autocracias a entenderem melhor o contexto global de seus regimes. Se as diásporas russa, honconguesa, venezuelana e iraniana podem amplificar as mensagens e ideias umas das outras, juntos podemos ter um impacto mais intenso que o de qualquer grupo individual. Em alguns lugares, isso foi tentado. O Kloop, a agora banida organização de notícias quirguiz, trabalhou durante anos para criar elos entre jornalistas independentes na Ásia Central, a fim de que mesmo as pessoas de países muito fechados pudessem entender melhor o que estava acontecendo na região, inclusive a tentativa russa de dominar o espaço informacional. Vários sites independentes russos, como Meduza e Insider, agora traduzem seu melhor trabalho investigativo para o inglês, a fim de que possa chegar a plateias mais amplas ao redor do mundo. Em reuniões públicas e privadas como à que compareci em Vilnius, ativistas do mundo autocrático compartilham experiências, planejam estratégias e ensinam uns aos outros como ter acesso a sites bloqueados. Se os apoiarmos, eles podem se ajudar mutuamente para comunicar informações melhores e de modo mais convincente, e então podem nos ensinar.

Ao contrário de seus predecessores do século XXI, os autocratas de hoje não podem impor censura fácil ou efetivamente. Em vez disso, focam conquistar plateias, construindo apoio para suas mensagens ao canalizar o ressentimento, o ódio e o desejo de superioridade. Precisamos aprender a competir com eles na promoção de nossos valores. Isso significa acabar com o monopólio autocrata no uso de emoções fortes, conectando as plateias às questões que mais as atingem e, acima de tudo, mostrando como a luta pela verdade leva à mudança. Os jornalistas que investigam corrupção precisam trabalhar com advogados e representantes legais para assegurar que suas investigações levem a punições. As boas informações precisam ajudar a promover mudanças positivas. A verdade precisa ser vista levando à justiça.

Desacoplar, reduzir o risco, reconstruir

Em 26 de setembro de 2022, 55 anos após a reunião na cabana de caça dos Habsburgo, o experimento europeu de interdependência autocrática-democrática chegou ao fim. Primeiro uma grande explosão submarina, depois várias outras atingiram o gasoduto Nord Stream 2. Três das quatro tubulações individuais foram destruídas, e o projeto de 20 bilhões de dólares foi inutilizado. Juntamente com o gasoduto físico, o ato de sabotagem destruiu a ideia de que alemães, europeus ou americanos poderiam promover a democracia através do comércio.

Desde o início, os russos tinham o propósito oposto para o Nord Stream 2: a Rússia esperava promover a cleptocracia na Alemanha e preparar o palco para a dominação da Ucrânia. O gasoduto deveria transportar gás diretamente da Rússia para a Alemanha, excluindo a Polônia e a Ucrânia de lucrativos acordos de trânsito, talvez interrompendo totalmente o abastecimento de gás da Ucrânia. Mesmo antes de o acordo ser assinado, a Rússia já começara a usar o preço e a disponibilidade do gás como ferramentas de influência política, interrompendo o abastecimento da Ucrânia em 2005-6[13] e novamente em 2014,[14] interferindo nos preços e iniciando jogos políticos no centro e no leste da Europa.

O gasoduto também se tornou a base de um novo tipo de relacionamento entre Rússia e Alemanha. As empresas russas envolvidas no Nord Stream se embrenharam na cultura e na política alemãs.[15] A Gazprom ajudou a financiar uma exposição no Museu Histórico de Berlim, devotada a uma versão idealizada da história russo-alemã,[16] e se tornou copatrocinadora do Schalke, o clube de futebol favorito do presidente e ex-ministro das Relações Exteriores alemão Frank-Walter Steinmeier.[17] As empresas também tinham elos íntimos com políticos alemães e russos. Matthias Warnig, um ex-oficial da Stasi que esteve estacionado em Dresden na mesma época que Putin, tornou-se presidente do Nord Stream. Gerhard Schröder, o chanceler que concordou com a criação do Nord Stream, aceitou a sugestão de Putin para se tornar chefe do comitê de acionistas da Nord Stream AG somente alguns dias depois de deixar o cargo. Em 2022, o ano em que a Rússia invadiu a Ucrânia, Schröder recebia quase 1 milhão de dólares ao ano de empresas conectadas ao gasoduto e ao gás russo, entre elas a Rosneft.[18] Nem todos os relacionamentos derivados do gasoduto eram corruptos (e Schröder negou enfaticamente que o dele fosse).

Mas tampouco eram compatíveis com o interesse nacional alemão ou a estabilidade estratégica da Europa. Após a primeira invasão da Ucrânia, em 2014, ao ver que a chanceler Angela Merkel, sucessora de Schröder, não interrompera o projeto Nord Stream, Putin pode ter achado que tinha luz verde para continuar a invasão.[19]

Muitos especularam sobre os motivos de Merkel, mas, na verdade, a visão dela era a mesma de praticamente todos os líderes democráticos daquela era. Ela acreditava que investimentos mutuamente benéficos e um pouco de paciência encorajariam a Rússia a se integrar à Europa, assim como os europeus haviam aprendido a se integrar após a Segunda Guerra Mundial. Ela não entendeu que as empresas russas agiam não como entidades privadas, mas como agentes do Estado russo, representando os interesses do Kremlin em uma miríade de transações comerciais e políticas. Ela tampouco entendeu os perigos potenciais do comércio com empresas chinesas — que, às vezes, eram subsidiadas ou dirigidas pelo Partido Comunista da China —, ou o risco de depender delas para tudo, de minerais raros a suprimentos médicos.

Os riscos da dependência excessiva no comércio com Rússia, China e outras autocracias não são apenas econômicos. São existenciais. Após a invasão da Ucrânia, os europeus aprenderam, do jeito mais difícil, o custo de dependerem do gás russo. A mudança para fontes mais caras de energia causou inflação, que por sua vez causou insatisfação. Intensificada pela campanha de desinformação russa, essa insatisfação contribuiu para o aumento do apoio à extrema direita, um movimento político que, caso chegasse ao poder, tornaria irreconhecível a Alemanha do pós-guerra.

Em abril de 2023, Jake Sullivan, conselheiro de segurança nacional do presidente Biden, falou em Washington sobre o risco de uma dependência similar em relação à China. Ele defendeu não a *desacoplagem* — a total separação entre a economia americana e a China —, mas a *redução do risco*: garantir que os Estados Unidos e o restante do mundo democrático não dependam da China para nada que possa ser usado como arma em caso de crise. Deu alguns exemplos, indicando que os Estados Unidos "produzem somente 4% do lítio, 13% do cobalto e 0% do níquel e do grafite necessários para responder à demanda atual por veículos elétricos. Enquanto isso, mais de 80% dos minerais críticos são processados na China". Ele defendeu a construção de "um ecossistema industrial baseado em energia limpa e enraizado em cadeias de fornecimento na América do Norte, estendendo-se para a Europa, o Japão e outros locais".[20]

Esse argumento precisa ser apresentado de modo mais dramático, pois a dependência do mundo democrático em relação à China, à Rússia e a outras autocracias em termos de minerais, semicondutores e energia apresenta mais do que um risco econômico. Esses relacionamentos comerciais estão corrompendo nossas sociedades. A Rússia vem usando seus gasodutos não para aprofundar laços comerciais e consolidar uma paz duradoura na Europa, como esperava o chanceler alemão Willy Brandt, mas para fazer chantagem e influenciar a política europeia. Os comerciantes chineses usam sua presença ao redor do mundo para coletar dados e informações que poderiam ajudá-los a iniciar uma guerra cibernética. O dinheiro oligárquico russo e chinês distorceu os mercados imobiliários americano e britânico e corrompeu mais de um político. O fato de que empresas de fachada anônimas compravam condomínios em propriedades do conglomerado Trump enquanto Trump era presidente deveria ter disparado alarmes. O fato de isso não ter acontecido só mostra o quanto nos habituamos à corrupção cleptocrática.[21]

Nossos relacionamentos comerciais com a Autocracia S.A. também apresentam outros riscos. Ursula von der Leyen, presidente da Comissão Europeia, também fez um discurso na primavera de 2023, argumentando que o relacionamento econômico entre China e Europa "é desequilibrado e cada vez mais afetado por distorções criadas pelo sistema de capitalismo de Estado chinês". Em termos mais claros, o governo chinês subsidia suas maiores empresas para ajudá-las a competir. O pedido de Leyen para "reequilibrar esse relacionamento com base em transparência, previsibilidade e reciprocidade" foi uma maneira polida de dizer que precisamos de tarifas, restrições e controles de exportação para garantir que a China não mine nossas indústrias usando fundos governamentais.[22]

O alerta poderia ir além, pois a competição não é somente com a China, nem somente comercial. Podemos estar agora em um ponto de inflexão, um momento no qual precisamos decidir como modelar a vigilância, a inteligência artificial, a internet das coisas, os sistemas de reconhecimento facial e de voz e outras tecnologias emergentes, a fim de que inventores e usuários sejam obrigados a se sujeitar às leis democráticas, aos princípios dos direitos humanos e aos padrões da transparência. Já falhamos em regulamentar a mídia social, com consequências negativas para a política em todo o mundo. A falha em regulamentar a IA antes que ela distorça o diálogo político, para citar apenas um exemplo óbvio, pode ter impactos catastróficos de longo prazo. As democracias devem trabalhar, novamente em coalizão, para promover a transparência, criar padrões internacionais e garantir que as autocracias não estabeleçam as regras e formatem os produtos.

Estamos nos tornando conscientes de todas essas coisas com muito atraso. Em todo o mundo, os ativistas da democracia, de Moscou a Hong Kong e Caracas, vêm avisando que nossas indústrias, políticas econômicas e esforços de pesquisa estão permitindo a agressão econômica e mesmo militar de outros países, e eles estão certos.

Alguns dos mais ricos e poderosos americanos e europeus desempenham papéis ambivalentes nessas trocas. Já não vivemos em um mundo onde os muito ricos podem fazer negócios com os regimes autocráticos, às vezes promovendo seus objetivos de política externa, e também com o governo americano ou com os governos europeus, gozando do status e dos privilégios da cidadania e da proteção legal nos mercados livres do mundo democrático. Está na hora de obrigá-los a escolher.

Democratas Associados

"Democratas Associados": uso essa expressão com cuidado. Não pretendo que seja um insulto ou implique que o mundo democrático deve se tornar um espelho do autocrático. Ao contrário, uso a expressão porque acredito que os cidadãos dos Estados Unidos e das democracias da Europa, Ásia, África e América Latina devem começar a pensar em si mesmos como ligados uns aos outros e àqueles no interior das autocracias que compartilham seus valores. Eles precisam uns dos outros, agora mais do que nunca, porque suas democracias não estão seguras. Nenhuma democracia está segura.

Os americanos, que historicamente gostam de se imaginar excepcionais, fariam bem em lembrar que nossa política doméstica sempre esteve conectada e foi influenciada pelo conflito mais amplo em defesa da liberdade e do Estado de direito em todo o mundo. Os europeus que aspiram à Fortaleza Europa também precisam acordar para a realidade de que as campanhas de influência russas e os interesses comerciais chineses já modelam sua política e limitam suas escolhas. Estamos acostumados a pensar no "Ocidente" influenciando o mundo, mas, hoje em dia, a influência frequentemente corre no sentido oposto. Mesmo que não acreditemos nela nem a reconheçamos, ela não vai desaparecer.

A maioria dos parisienses, madrilenhos, nova-iorquinos e londrinos não possui sentimentos fortes em relação aos líderes políticos da Rússia, da China, do Irã e da Venezuela. Mas esses governantes prestam muita atenção no que acontece em Paris, Madri, Nova York e Londres. Eles entendem que a linguagem da democracia, da anticorrupção e da justiça — uma linguagem que geralmente empregamos sem pensar — representa uma ameaça a seu poder. E continuarão a tentar moldar nossa política e nossa economia em benefício próprio, mesmo que cubramos olhos e ouvidos e nos recusemos a notar, como muitos preferem fazer.

O isolacionismo é uma reação instintiva e mesmo compreensível à feiura do mundo moderno e interconectado. Para alguns políticos das democracias, ele continuará a oferecer um caminho para o poder. A campanha do Brexit teve sucesso em usar a metáfora de "retomar o controle", e isso não surpreende: todo mundo quer mais controle em um mundo onde eventos do outro lado do planeta podem afetar empregos e preços em nossas cidades. Mas a saída da Grã-Bretanha da União Europeia deu aos britânicos mais poder para influenciar o mundo? Evitou que moedas estrangeiras modelassem a política do Reino Unido? Impediu que refugiados saíssem das zonas de guerra do Oriente Médio e fossem para a Grã-Bretanha? Não.

A tentação do que às vezes é chamado de realismo — a crença de que as nações são motivadas unicamente pelo conflito por poder, de que possuem interesses eternos e orientações geopolíticas permanentes — é tão forte quanto a do isolacionismo e pode ser igualmente enganosa, principalmente porque apela aos indiferentes. Se as nações nunca mudam, não precisamos nos esforçar para fazê-las mudar. Se possuem orientações permanentes, tudo que precisamos fazer é descobrir quais são e nos acostumarmos a elas. No mínimo, a guerra da Ucrânia mostrou que as nações não são peças de um jogo. Seu comportamento pode ser alterado por atos de covardia ou bravura, por líderes sábios e cruéis e, acima de tudo, por ideias boas e ruins. Suas interações não são inevitáveis; suas alianças e inimigos não são permanentes. Não havia uma coalizão para ajudar a Ucrânia em fevereiro de 2022, e então passou a haver. Essa coalizão tornou impossível o que até então parecia inevitável: a rápida conquista da Ucrânia. Pela mesma razão, um tipo diferente de líder russo, com um conjunto diferente de ideias, poderia encerrar rapidamente a guerra.

Não existe mais uma ordem liberal mundial, e a aspiração de criá-la já não parece real. Mas existem sociedades liberais, países abertos e livres onde as chances de uma vida útil são melhores que nas ditaduras fechadas. Elas dificilmente são perfeitas. Possuem grandes falhas, divisões profundas e terríveis cicatrizes históricas. No entanto, essa é mais uma razão para defendê-las e protegê-las. Pouquíssimas existiram ao longo da história humana; muitas existiram por algum tempo e então ruíram. Elas podem ser destruídas a partir de fora e de dentro, por divisões e demagogos. Ou podem ser salvas. Mas somente se aqueles que vivem nelas estiverem dispostos a fazer o esforço de salvá-las.

Agradecimentos

O título deste livro, *Autocracia S.A.*, vem de uma conversa com o ativista da democracia e pensador Srđa Popović, cujo trabalho é uma importante inspiração para mim e tantas outras pessoas. Conversas com Yevgenia Albats, Ladan Boroumand, Thomas Carothers, Denise Dresser, Steven Feldstein, Garry Kasparov, Joshua Kurlantzick, Leopoldo Lopez, Evan Mawarire, Rosa María Payá, Peter Pomerantsev, Alexander Sikorski, Radek Sikorski, Tadeusz Sikorski, Svitlana Tsikhanouskaya, Christopher Walker, Jack Watling, Damon Wilson e Tammy Wittes também contribuíram para as ideias deste livro.

Cullen Murphy foi um importante leitor e editor inicial, Francisco Toro, um igualmente importante editor e conselheiro posterior. Abigail Skalka ajudou com a pesquisa. Reuel Marc Gerecht, Christopher Walker, Peter Pomerantsev e Andrea Kendall-Taylor leram partes do manuscrito. Jeffrey Goldberg e Scott Stossel encomendaram e editaram o artigo original na *Atlantic*, "The Bad Guys Are Winning" [Os caras maus estão vencendo], que se tornou a Introdução. Dante Ramos editou a maior parte dos vários artigos da *Atlantic* nos quais me baseei enquanto escrevia este livro. Agradeço a Lisa Shymko e Peterson Literary Fund, que apoiaram desde o início a minha pesquisa.

Um agradecimento especial a um trio incomum: Stuart Proffit, meu editor britânico; Kris Puopolo, meu editor americano; e Georges Borchardt, meu agente literário, que trabalham comigo há mais de duas décadas. Sinto-me tão grata a eles hoje quanto me senti quando publicamos *Gulag* em 2003. Muito obrigada a Nora Reichard, que tem sido minha editora de produção pelo mesmo extenso período, assim como aos editores Meredith Dros e Vimi Santokhi, ao gerente de produção Bob Wojciechowski, ao designer Michael Collica e aos excelentes assessores de imprensa da Doubleday e Penguin, liderados por Sara Hayet e Annabelle Huxley.

Notas

Introdução: Autocracia S.A.

1. Às vezes, eles são chamados de ditadores personalistas. Ver Erica Frantz, Andrea Kendall-Taylor e Joe Wright, *The Origins of Elected Strongmen: How Personalist Parties Destroy Democracy from Within* (Oxford: Oxford University Press, 2024).
2. A Freedom House lista 56 países como "não livres" em: *Freedom in the World*, 2024. Disponível em: freedomhouse.org. Acesso em: 20 fev. 2024.
3. "Belarus: Statement by the High Representative on Behalf of the European Union on the Third Anniversary of the Fraudulent Presidential Elections", European Neighbourhood Policy and Enlargement Negotiations (DG NEAR), 8 ago. 2023. neighbourhood-enlargement.ec.europa.eu; OSCE, "OSCE Monitors Condemn Flawed Belarus Vote, Crackdown", comunicado de imprensa, 20 dez. 2010. www.oscepa.org.
4. Ma Li Wenbo e Yekaterina Radionova, "The Great Stone China-Belarus Industrial Park", Dreams Come True, 2019. Disponível em: www.mofcom.gov.cn. Acesso em 16 fev. 2024.
5. Claudia Chiappa, "Lukashenko to Iran: Let's Be BFFs", *Politico*, 17 out. 2023.
6. "Belarus TV Staffs Up with Kremlin-Funded Journalists — RBC", *Moscow Times*, 1º set. 2020.
7. "Russia Discusses Debt, Energy Stability with Venezuela", *Reuters*, 14 dez. 2022.
8. "Venezuela Assembles Tractors with Support from Belarus", *Kawsachun News*, 15 mar. 2022.
9. "How Venezuela's Stolen Gold Ended Up in Turkey, Uganda, and Beyond", *InSight Crime*, 21 mar. 2019.
10. "Venezuela Defends Purchase of Chinese Riot-Control Gear After More Than 70 Deaths in Street Protests", *South China Morning Post*, 19 jun. 2017.

11. Alessandra Soler e Giovana Fleck, "Is China Exporting Its Surveillance State to Venezuela?", Global Voices, 28 set. 2021. Disponível em: globalvoices.org. Acesso em: 25 jul. 2024.
12. Em meados de 2020, somente 13% dos venezuelanos viam Maduro positivamente. Também em 2020, pouco antes da eleição, pesquisas independentes mostraram que Lukashenko tinha 29,5% de apoio público.
13. Cynthia J. Arnson (Org.), *Venezuela's Authoritarian Allies: The Ties That Bind?* (Washington: Woodrow Wilson International Center for Scholars, 2021), p. 9. www.wilsoncenter.org.
14. William Taubman, *Khrushchev: The Man and His Era* (Nova York: W. W. Norton, 2004), p. 553.
15. Sergei Guriev e Daniel Treisman descreveram essa forma mais sutil de autocracia em *Spin Dictators: The Changing Face of Tyranny in the 21st Century* (Princeton: Princeton University Press, 2022).
16. Raz Zimmt, "As President Raisi Visits China: Renewed Debate on Iran's Policy Regarding Uyghur Muslims", Faculdade de Humanidades Lester e Sally Entin, Universidade de Tel Aviv, mar. 2023, en-humanities.tau.ac.il.
17. Entrevista com Srđa Popović, 6 ago. 2020.
18. A República Popular da China, por exemplo, lutou contra a República Democrática do Vietnã.
19. Lenin, *Collected Works*, v. 28 (Moscou: Progress Publishers, 1965), p. 243.
20. Vladimir I. Lenin, "Greetings to Italian, French, and German Communists", 10 out. 1919, em *Collected Works*, 4. ed, v. 30 (Moscou: Progress Publishers, 1965), p. 52-62, www.marxists.org.
21. Jill Lepore, "The Last Time Democracy Almost Died", *The New Yorker*, 27 jan. 2020.
22. Rainer Zitelmann, *Hitler's National Socialism* (Oxford: Management Books 2000, 2022).
23. Mao Tsé-tung, "On Correcting Mistaken Ideas in the Party", dez. 1929, www.marxists.org.
24. Revolutionary Council of the Union of Burma, "The Burmese Way to Socialism", abr. 1962, www.scribd.com.
25. Ladan Boroumand e Roya Boroumand, "Terror, Islam, and Democracy", *Journal of Democracy*, v. 13, n. 2, abr. 2002.
26. Chris Buckley, "China Takes Aim at Western Ideas", *The New York Times*, 19 ago. 2013.

27. Interfax-Ukraine, "Putin Calls 'Color Revolutions' an Instrument of Destabilization", *Kyiv Post*, 15 dez. 2011.
28. Anne Applebaum e Nataliya Gumenyuk, "Incompetence and Torture in Occupied Ukraine", *The Atlantic*, 14 fev. 2023, www.theatlantic.com.
29. "Russia's Systematic Program for the Re-education and Adoption of Ukraine's Children", Conflict Observatory, 14 fev. 2023, hub.conflictobservatory.org.
30. Rikard Jozwiak, "Ukraine Accuses Russia of Targeting Rescue Workers in Deadly Strike", RFE/RL, 8 ago. 2023, www.rferl.org.
31. Maria Domańska, Iwona Wiśniewska e Piotr Żochowski, "Caught in the Jaws of the 'Russkiy Mir': Ukraine's Occupied Regions a Year After Their Annexation", *Ośrodek Studiów Wschodnich*, Varsóvia, 11 out. 2023, www.osw.waw.pl.
32. Sergei Lavrov, "Lavrov Said That There Is Hope for a Compromise in Negotiations with Ukraine", *Tass*, 16 mar. 2022, tass.ru.
33. Joe Biden, "Remarks by President Biden Ahead of the One-Year Anniversary of Russia's Brutal and Unprovoked Invasion of Ukraine", Casa Branca, 21 fev. 2023, www.whitehouse.gov.
34. "Joint Statement of the Russian Federation and the People's Republic of China on the International Relations Entering a New Era and the Global Sustainable Development", presidente da Rússia, 4 fev. 2022, www.en.kremlin.ru.
35. Dan De Luce, "China Helps Russia Evade Sanctions, Likely Supplies Moscow with War Tech Used in Ukraine", NBC News, 27 jul. 2023, www.nbcnews.com.
36. Armani Syed, "Iranian 'Kamikaze' Drones: Why Russia Uses Them in Ukraine", *Time*, 20 out. 2022, time.com.
37. Mike Eckel, "Report: North Korea Shipping Ammunition, Weaponry 'at Scale' to Russia", RFE/RL, 17 out. 2023, www.rferl.org.
38. Oleksiy Pavlysh, *Ukrainska Pravda*, 18 jul. 2022, como reportado em: www.yahoo.com.
39. Alexander Kupatadze e Erica Marat, *Under the Radar: How Russia Outmanoeuvres Western Sanctions with Help from Its Neighbours*, Serious Organised Crime & Anti-Corruption Evidence Research Programme, ago. 2023.
40. Catherine Belton, "Russia Oozes Confidence as It Promotes Anti-Western Global Alliances", *The Washington Post*, 27 jan. 2024.

1. A cobiça que cega

1. Thane Gustafson, *The Bridge: Natural Gas in a Redivided Europe* (Cambridge: Harvard University Press, 2020), p. 40.
2. "Bonn and Moscow Sign Pact Trading Pipes for Gas", *The New York Times*, 2 fev. 1970.
3. Per Högselius, *Red Gas: Russia and the Origins of European Energy Dependence* (Nova York: Palgrave Macmillan, 2013), p. 118-9.
4. Egon Bahr, "Wandel durch Annäherung", discurso na Evangelical Academy Tutzing, 15 jul. 1963, 100(0) Schlüsseldokumente zur deutschen Geschichte im 20. Jahrhundert, 100(0) Schlüsseldokumente zur russischen und sowjetischen Geschichte (1917-1991), Bayerische Staatsbibliothek, Munique, www.1000dokumente.de.
5. Monica Raymunt, "West Germany's Cold War Ransoming of Prisoners Encouraged Fraud: Research", *Reuters*, 10 abr. 2014.
6. Timothy Garton Ash, *In Europe's Name: Germany and the Divided Continent* (Nova York: Vintage Press, 1994).
7. Charles W. Carter, "The Evolution of US Policy Toward West German-Soviet Trade Relations, 1969-89", *International History Review*, v. 34, n. 2, jun. 2012, p. 223.
8. *Ibid.*, p. 229.
9. *Ibid.*, p. 221-44.
10. Julian Gewirtz, *Unlikely Partners: Chinese Reformers, Western Economists, and the Making of Global China* (Cambridge: Harvard University Press, 2017).
11. Ronald Reagan, "Remarks upon Returning from China", 1º maio 1984, Ronald Reagan Presidential Library, www.reaganlibrary.gov.
12. Bill Clinton, "President Clinton's Remarks on China", Clinton White House, 24 out. 1997, clintonwhitehouse4.archives.gov.
13. Bill Clinton, "Full Text of Clinton's Speech on China Trade Bill", Institute for Agriculture and Trade Policy, 8 mar. 2000, www.iatp.org.
14. Gerhard Schröder, "China: Warum wir Peking brauchen", *Die Zeit*, 17 jul. 2008, www.zeit.de.
15. Rhyannon Bartlett, Pak Yiu et al. "Britain 'Delusional' over Chinese Democracy: Ex-Gov. Patten", *Nikkei Asia*, 1º jul. 2022, asia.nikkei.com.
16. Leon Aron, *Roads to the Temple: Truth, Memory, Ideas and Ideals in the Making of the Russian Revolution, 1987-1991* (New Haven, Conn.: Yale University Press, 2012), p. 37, 49.

17. *Ibid.*, p. 30.
18. Yegor Gaidar, "Conversations with History: Yegor Gaidar", YouTube, 2008.
19. Catherine Belton, *Putin's People: How the KGB Took Back Russia and Then Took On the West* (Nova York: Farrar, Straus and Giroux, 2020), p. 21-3.
20. Karen Dawisha, *Putin's Kleptocracy: Who Owns Russia?* (Nova York: Simon & Schuster, 2015), p. 8.
21. Belton, *Putin's People*, p. 19-49.
22. Dawisha, *Putin's Kleptocracy*, p. 106-32; Belton, *Putin's People*, pp. 87-91.
23. Dawisha, *Putin's Kleptocracy*, p. 132-45.
24. *Ibid.*, p. 140.
25. Vladimir Putin, "Послание Президента Российской Федерации от 08.07.2000 г. б/н", Президент России, 8 jul. 2000, www.kremlin.ru.
26. Vladimir Putin, "Послание Президента Российской Федерации от 18.04.2002", 18 abr. 2002, www.kremlin.ru.
27. Anne Applebaum, "Should Putin Host the G-8?", *The Spectator*, 8 jul. 2006.
28. "G-8 Leaders Issue Statement on Energy", *Voice of America*, 13 jul. 2006, voanews.com.
29. Casey Michel, *American Kleptocracy* (Nova York: St Martin's Press, 2021), p. 206.
30. "United States Files Civil Forfeiture Complaint for Proceeds of Alleged Fraud and Theft from PrivatBank in Ukraine", Departamento de Justiça, 20 jan. 2022, www.justice.gov.
31. Craig Unger, "Trump's Businesses Are Full of Dirty Russian Money. The Scandal Is That It's Legal", *The Washington Post*, 29 mar. 2019.
32. Dan Alexander, "Mysterious Buyer Pumps $2.9 Million into President Trump's Coffers", *Forbes*, 19 mar. 2019, www.forbes.com.
33. Gabriel Gavin, "Ukraine Launches Criminal Case Against Oligarch Kolomoisky", *Politico*, 2 set. 2023, www.politico.eu.

2. A metástase da cleptocracia

1. Agustín Blanco Muñoz, *Habla Jesús Urdaneta Hernandez, el comandante irreductible* (Caracas: Universidad Central de Venezuela, 2003), p. 28.
2. "Los billonarios recursos que PDVSA logró... y perdió", Transparencia Venezuela, maio 2020, transparenciave.org. De acordo com a Transparencia Venezuela, parte da Transparency International, o valor total do petróleo

produzido chegava a 1,2 trilhão de dólares, mas 400 bilhões foram usados para consumo interno, a preços quase nulos.

3. "Portugal Investigating Fraud Linked to Venezuela PDVSA Funds, PDVSA Says", *Reuters*, 24 jun. 2017.
4. Sylvain Besson e Christian Brönnimann, "Une nouvelle enquête vise les milliards de la corruption vénézuélienne", *Tribune de Genève*, 16 jan. 2021, www.tdg.ch.
5. Valentina Lares e Nathan Jaccard, "Los dineros negros de Andorra se lavan en el Caribe", *Armando Info*, 1º dez. 2021, armando.info.
6. "Los billonarios recursos que PDVSA logró... y perdió."
7. Conversa com Francisco Toro, 2023.
8. Lucas Goyret, "Corrupción chavista: Cuál es el destino de los miles de millones de dólares robados por la dictadura venezolana que son decomisados por Estados Unidos", *Infobae*, 5 jun. 2021, www.infobae.com.
9. Federico Parra, "Venezuelan Officials, Others Charged with Laundering $1.2 Billion in Oil Funds", *Miami Herald*, 25 jul. 2018.
10. Jay Weaver e Antonio M. Delgado, "Venezuela's Elite Face Scrutiny in $1.2 Billion Laundering Probe", *Miami Herald*, 3 nov. 2019.
11. "British Opposition Leader Corbyn Declines to Condemn Venezuela's Maduro", *Reuters*, 7 ago. 2017.
12. Robert Rapier, "How Venezuela Ruined Its Oil Industry", *Forbes*, 7 maio 2017, www.forbes.com.
13. Alfredo Meza, "Corrupt Military Officials Helping Venezuela Drug Trade Flourish", *El País*, 26 set. 2013, english.elpais.com.
14. Jose Guarnizo, "On the Border of Colombia and Venezuela, Illegal Gold Mining Unites Armed Forces", *Mongabay*, 12 maio 2023, news.mongabay.com.
15. Alexander Olvera, "Para pastorear vacas quedó ferrocarril Tinaco-Anaco", El Pitazo, 2016, www.youtube.com.
16. Imdat Oner, *Turkey and Venezuela: An Alliance of Convenience* (Washington: Wilson Center, 2020), www.wilsoncenter.org.
17. Joseph M. Humire, "The Maduro-Hezbollah Nexus: How Iran-Backed Networks Prop Up the Venezuelan Regime", Atlantic Council, 7 out. 2020, atlanticcouncil.org.
18. "22-CR-434", Departamento de Justiça, 19 out. 2022, www.justice.gov.
19. Uebert Angel, TheMillionaireAcademy, 2023, themillionaireacademy.org.
20. **Al Jazeera** Investigations, Gold Mafia, youtube.com.

NOTAS

21. "Uebert Angels Office Responds to Al-Jazeera Documentary, *The Zimbabwean*, 25 mar. 2023", www.thezimbabwean.co.
22. Rikki Doolan (@realrikkidoolan), X.com, 2023, twitter.com/realrikkidoolan.
23. "Pastor Rikki Doolan Responds on Gold Mafia Aljazeera Documentary", www.youtube.com/watch?v=hblbCh8xi4s.
24. MacDonald Dzirutwe, "Ghosts of Past Massacres Haunt Zimbabwe's Mnangagwa Before Election", *Reuters*, 6 jul. 2018. Mnangagwa nega as acusações.
25. Lily Sabol, "Kleptocratic Adaptation: Anticipating the Next Stage in the Battle Against Transnational Kleptocracy", National Endowment for Democracy, 17 jan. 2023, www.ned.org.
26. Mark Lowen, "Turkey Warned over Venezuela Gold Trade", BBC, 2 fev. 2019, www.bbc.com/news.
27. Rikard Jozwiak, Kubatbek Aibashov e Chris Rickleton, "Reexports to Russia: How the Ukraine War Made Trade Boom in Kyrgyzstan", RFE/RL, 18 fev. 2023, www.rferl.org.
28. "Joint Statement After Kyrgyz's Recent Crackdowns on Independent Media", Civil Rights Defenders, 16 jan. 2024, crd.org.
29. Bektour Iskender, "The Crime-Fighting Power of Cross-Border Investigative Journalism", TED, abr. 2022, ted.com.
30. RFE/RL's Kyrgyz Service, "Kyrgyzstan Blocks Independent Kloop Website's Kyrgyz Segment", RFE/RL, 10 nov. 2023, www.rferl.org.
31. Zimbabwe Human Rights Forum, "Political Violence Report 2008", 13 fev. 2009, ntjwg.uwazi.io.
32. Kitsepile Nyathi, "Zimbabwe's Mnangagwa Entrenching His Power with Constitution Changes", *Citizen*, 10 abr. 2021, www.thecitizen.co.tz.
33. Albert Mpofu, "Controversy Erupts over Housing Loans to Judges Before Elections in Zimbabwe", Change Radio Zimbabwe, 9 jun. 2023, changeradiozimbabwe.com.
34. "Zimbabwe: Parliament's Passing of 'Patriotic Bill' Is a Grave Assault on the Human Rights", Anistia Internacional, 9 jun. 2023, www.amnesty.org.
35. "Treasury Takes Additional Actions in Zimbabwe", Departamento do Tesouro, 12 dez. 2022, home.treasury.gov.
36. Olayiwola Abegunrin e Charity Manyeruke, *China's Power in Africa: A New Global Order* (Londres: Palgrave Macmillan, 2020).
37. Guo Shaochun, "Promoting China-Zimbabwe Ties to a New Height", embaixada da República Popular da China na República do Zimbábue, 2 out. 2022, zw.china-embassy.gov.cn.

38. Columbus Mavhunga, "Zimbabwe, Chinese Investors Sign $2.8B Metals Park Deal", VOA News, 22 set. 2022, www.voanews.com.
39. "Zimbabwe Turns to Chinese Technology to Expand Surveillance of Citizens", *Africa Defense Forum*, 17 jan. 2023, adf-magazine.com.
40. Allen Munoriyarwa, "Video Surveillance in Southern Africa", Media Policy and Democracy Project, 7 maio 2020, www.mediaanddemocracy.com.
41. Henry Foy, Nastassia Astrasheuskaya e David Pilling, "Russia: Vladimir Putin's Pivot to Africa", *Financial Times*, 21 jan. 2019, www.ft.com.
42. Brian Latham *et al.*, "Mnangagwa Seeks Cash in Russia as Zimbabwe Slides into Chaos", 15 jan. 2019, bloomberg.com.
43. Bloomberg, "Russian Diamond Giant Alrosa Is Returning to Zimbabwe", *Moscow Times*, 15 jan. 2019.
44. Nick Mangwana (@nickmangwana), Twitter, 27 jul. 2023, 10h23, x.com/nickmangwana.

3. Controlando a narrativa

1. Max Frankel, crítica de *Cortina de Ferro*, de Anne Applebaum, *The New York Times*, 21 nov. 2012, www.nytimes.com. A crítica de Frankel foi negativa, sobretudo porque ele achava que as táticas soviéticas mencionadas no livro eram antigas e jamais seriam usadas novamente. Dois anos depois, em 2014, a ocupação russa da Crimeia e do leste da Ucrânia seguiram quase exatamente o manual empregado pelo Exército Vermelho e pelo NKVD em 1945.
2. Jason P. Abbott, "Of Grass Mud Horses and Rice Bunnies: Chinese Internet Users Challenge Beijing's Censorship and Internet Controls", *Asian Politics and Policy*, v. 11, n. 1, 2019, p. 162-77; Peng Li, "Provisional Management Regulations for the International Connection of Computer Information Networks of the People's Republic of China", 1º fev. 1996, DigiChina, digichina.stanford.edu.
3. Jim Hu, "Yahoo Yields to Chinese Web Laws", CNET, 14 ago. 2002, cnet.com.
4. Anne Applebaum, "Let a Thousand Filters Bloom", *The Washington Post*, 19 jul. 2005.
5. Kaveh Waddell, "Why Google Quit China — and Why It's Heading Back", *The Atlantic*, 19 jan. 2016, www.theatlantic.com.
6. Ryan Gallagher, "Google Plans to Launch Censored Search Engine in China, Leaked Documents Reveal", Intercept, 1 ago. 2018, theintercept.com; "Google's Project Dragonfly 'Terminated' in China", BBC, 17 jul. 2019, www.bbc.com.

7. Ross Andersen, "China's Artificial Intelligence Surveillance State Goes Global", *The Atlantic*, 15 set. 2020, www.theatlantic.com.
8. *Ibid.*
9. Sheena Chestnut Greitens, "Dealing with Demand for China's Global Surveillance Exports", Brookings Institution, abr. 2020, www.brookings.edu.
10. Steven Feldstein, "How Artificial Intelligence Is Reshaping Repression", *Journal of Democracy*, v. 30, n. 1, jan. 2019.
11. Problem Masau, "Smart Anti-Crime Solutions", ChinAfrica, 3 maio 2024, chinafrica.cn.
12. *Ibid.*
13. Lun Tian Yew, "Protests Erupt in Xinjiang and Beijing After Deadly Fire", Reuters, 26 nov. 2022.
14. Josh Smith, "Inside the Spectacle and Symbolism of North Korea's Mass Games", Reuters, 6 set. 2018.
15. Julie Nolke, "Covid-19 — Once upon a Virus…", YouTube, 2020, www.youtube.com.
16. "Chinese Netizens Jeer Riot in US Capitol as 'Karma', Say Bubbles of 'Democracy and Freedom' Have Burst", *Global Times*, 7 jan. 2021, globaltimes.cn.
17. Brett McKeehan, "China's Propaganda Machine Is Intensifying Its 'People's War' to Catch American Spies", *CNN*, 18 out. 2021, www.cnn.com.
18. Nataliya Popovych *et al.*, "Image of European Countries on Russian TV", Ukraine Crisis Media Center, maio 2018, uacrisis.org.
19. Pjotr Sauer, "Russia Outlaws 'International LGBT Public Movement' as Extremist", *The Guardian*, 30 nov. 2023.
20. Documentação em Kristina Stoeckl e Dmitry Uzlaner, *The Moralist International: Russia in the Global Cultural Wars* (Nova York: Fordham University Press, 2022).
21. Anne Applebaum, "Conservatives and the False Romance of Russia", *The Atlantic*, 12 dez. 2019, www.theatlantic.com.
22. Kate Shellnutt, "Russian Evangelicals Penalized Most Under Anti-Evangelism Law", *Christianity Today*, 7 maio 2019, www.christianitytoday.com.
23. David Neiwert, "When White Nationalists Chant Their Weird Slogans, What Do They Mean?", Southern Poverty Law Center, 10 out. 2017, www.splcenter.org.
24. Elizabeth G. Arsenault e Joseph Stabile, "Confronting Russia's Role in Transnational White Supremacist Extremism", *Just Security*, 6 fev. 2020, www.justsecurity.org.

25. Sauer, "Russia Outlaws 'International LGBT Public Movement' as Extremist"; Darya Tarasova, Gul Tuysuz, e Jen Deaton, "Police Raid Gay Venues in Russia After Top Court Bans 'International LGBTQ Movement'", *CNN*, 4 dez. 2023, edition.cnn.com.
26. Sabiti Makara e Vibeke Wang, "Uganda: A Story of Persistent Autocratic Rule", em Leonardo R. Arriola, Lise Rakner e Nicolas Van de Walle (orgs.), *Democratic Backsliding in Africa? Autocratization, Resilience, and Contention* (Oxford: Oxford University Press, 2022).
27. Anne Applebaum, "Tucker Carlson, the American Face of Authoritarian Propaganda", *The Atlantic*, 21 set. 2023, www.theatlantic.com.
28. Peter Pomerantsev, "Beyond Propaganda", *Foreign Policy*, 23 jun. 2015, foreignpolicy.com.
29. Annia Ciezadlo, "Analysis: Why Assad's Propaganda Isn't as Crazy as It Seems", Atlantic Council, 7 out. 2016, www.atlanticcouncil.org.
30. Christopher Walker, "What Is 'Sharp Power'?", *Journal of Democracy*, v. 29, n. 3, jul. 2018, www.journalofdemocracy.org.
31. Didi Kirsten Tatlow, "China's Influence Efforts in Germany Involve Students", *The Atlantic*, 12 jul. 2019, www.theatlantic.com.
32. "Confucius Institute", Confucius Institute, 2024. Disponível em: ci.cn. Acesso em: 18 fev. 2024; Wagdy Sawahel, "Confucius Institutes Increase as Another Opens in Djibouti", *University World News*, 6 abr. 2023.
33. Joshua Kurlantzick, *Beijing's Global Media Offensive: China's Uneven Campaign to Influence Asia and the World* (Oxford: Oxford University Press, 2023), p. 181-99.
34. Joshua Kurlantzick, "Can China's State Media Become as Trusted as the BBC?", *Foreign Policy*, 5 dez. 2022, foreignpolicy.com.
35. Joshua Eisenman, "China's Media Propaganda in Africa: A Strategic Assessment", United States Institute of Peace, 16 mar. 2023, www.usip.org.
36. Ryan Fedasiuk, "How China's United Front System Works Overseas", *Strategist*, 13 abr. 2022, www.aspistrategist.org.au.
37. Eisenman, "China's Media Propaganda in Africa".
38. "Russia Has No Expansionist Plans in Europe: Lavrov", Telesur English, 27 nov. 2023, www.telesurenglish.net.
39. "Informe: El nuevo coronavirus es resultado de un complot sionista", HispanTV, 19 mar. 2020, www.hispantv.com.
40. Martina Schwikowski, "Russia Targets Africa with Propaganda Machine", DW, 29 nov. 2022, www.dw.com.

NOTAS

41. "RT Moves Its Pawns in Africa, Opening a Bureau in Algeria", Reporters Without Borders, 4 abr. 2023, rsf.org.
42. Thinus Ferreira, "Russia's RT Channel Eyes African Expansion with SA Headquarters", News24, 26 jul. 2022, www.news24.com.
43. Katie Zabadski, "Putin's Propaganda TV Lies About Its Popularity", *Daily Beast*, 14 abr. 2017. Um conjunto de documentos relativos a 2015, entregue por antigos e insatisfeitos funcionários da RIA Novosti ao *Daily Beast*, sugere que, naquele ano, o RT era assistido por menos de 30 mil domicílios norte-americanos a cada noite; seu mercado mais bem-sucedido parecia ser o Reino Unido, onde atraía "0,17% de todos os telespectadores".
44. Mobashra Tazamal, "How Russian Bots Instrumentalized Islamophobia (but Don't Just Blame the Bots)", Bridge Initiative, 2 fev. 2018, bridge.georgetown.edu.
45. NBC News, "How Russia Sent a Small Idaho Town into a Fake News Tailspin: NBC Left Field | After Truth", YouTube, www.youtube.com.
46. Adan Salazar, "Russian Strikes Targeting US-Run Bio-Labs in Ukraine?", Infowars, 24 fev. 2022, www.infowars.com.
47. Justin Ling, "How a QAnon Conspiracy Theory About Ukraine Bioweapons Became Mainstream Disinformation", CBC, 13 abr. 2022, www.cbc.ca.
48. "Tucker: The Pentagon Is Lying About Bio Labs in Ukraine", Fox News, 9 mar. 2022, www.foxnews.com.
49. "Foreign Ministry Spokesperson Zhao Lijian's Regular Press Conference on March 8, 2022", Ministério das Relações Exteriores da República Popular da China, 9 mar. 2022, fmprc.gov.cn.
50. "U.S.-Led Biolabs Pose Potential Threats to People of Ukraine and Beyond: Ukrainian Ex-officer", Xinhua, 14 abr. 2022, english.news.cn; "Russia Urges U.S. to Explain Purpose of Biological Labs in Ukraine", Xinhua, 10 mar. 2022, english.news.cn.
51. Edward Wong, "U.S. Fights Bioweapons Disinformation Pushed by Russia and China", *The New York Times*, 10 mar. 2022.
52. Jose C. Rodriguez, "US Resumes Biolab Program in Ukraine", Telesur English, 7 abr. 2023, www.telesurenglish.net.
53. "Russia Says Has Documents Showing US Biolab Activities in Ukraine", Press TV, 31 jan. 2023, www.presstv.ir.
54. Ling, "How a QAnon Conspiracy Theory About Ukraine Bioweapons Became Mainstream Disinformation".
55. Departamento de Estado dos EUA, "The Kremlin's Efforts to Covertly Spread Disinformation in Latin America", comunicado de imprensa, 7 nov. 2023,

www.state.gov; María Zakharova, "BioBiden", Pressenza International Press Agency, 29 mar. 2022, www.pressenza.com.

56. Julian Borger, Jennifer Rankin e Martin Farrer, "Russia Makes Claims of US-Backed Biological Weapon Plot at UN", *The Guardian*, 11 mar. 2022.
57. Hannah Gelbart, "The UK Company Spreading Russian Fake News to Millions", BBC, 4 abr. 2023, www.bbc.com/news.
58. Michael R. Gordon et al., "Russian Intelligence Is Pushing False Claims of U.S. Biological Testing in Africa, U.S. Says", *Wall Street Journal*, 8 fev. 2024.
59. Viginum, "RRN: A Complex and Persistent Information Manipulation Campaign", Secrétariat Général de la Défense et de la Sécurité Nationale, République Française, 19 jul. 2023, www.sgdsn.gouv.fr.
60. *Ibid*.
61. Catherine Belton e Joseph Menn, "Russian Trolls Target U.S. Support for Ukraine, Kremlin Documents Show", *The Washington Post*, 8 abr. 2024.
62. Avery Lotz, "House Intelligence Committee Chair Says Russian Propaganda Has Spread Through Parts of GOP", CNN, 7 abr. 2024, cnn.com.
63. Oiwan Lam, "Amidst Typhoon Rescue Efforts in Japan, a Taiwanese Diplomat Dies. Did Misinformation Play a Role?", Global Voices, 22 set. 2018, globalvoices.org.
64. Steven L. Myers, "China Sows Disinformation About Hawaii Fires Using New Techniques", *The New York Times*, 11 set. 2023.
65. Tiffany Hsu e Steven L. Myers, "China's Advancing Efforts to Influence the U.S. Election Raise Alarms", *The New York Times*, 1º abr. 2024; Elise Thomas, "Pro-CCP Spamouflage Campaign Experiments with New Tactics Targeting the US", *Digital Dispatches*, Institute for Strategic Dialogue, 1º abr. 2024, www.isdglobal.org.
66. López Obrador, um líder de esquerda com fortes tendências autocráticas, empregou uma combinação muito mais poderosa, usando bots de mídia social para bombardear seus seguidores com as notícias de uma mídia altamente partidária. As contas venezuelanas fizeram o mesmo, mas usando material da Telesur, HispanTV e RT Actualidad. Quase dois terços das contas que compartilhavam material da RT Actualidad no México tendiam a compartilhar também material promovendo López Obrador.
67. Javier Lesaca, "Russian Network Used Venezuelan Accounts to Deepen Catalan Crisis", *El País*, 11 nov. 2017, english.elpais.com.
68. Ryan C. Berg e Emiliano Polo, "The Political Implications of Mexico's New Militarism", *CSIS*, 5 set. 2023, www.csis.org.
69. Juan A. Quintanilla, "Letter to the Secretary of Foreign Affairs Marcelo Ebrard", Human Rights Watch, 3 mar. 2023, www.hrw.org.

70. José Bautista e Michael Schwirtz, "Married Kremlin Spies, a Shadowy Mission to Moscow, and Unrest in Catalonia", *The New York Times*, 23 set. 2021.

4. Alterando o sistema operacional

1. "Declaração Universal dos Direitos Humanos", UN.org.
2. Ata Final de Helsinque, Conferência para a Segurança e a Cooperação na Europa, OSCE, 1º ago. 1975, www.osce.org.
3. "Charter of the Organization of American States", cidh.oas.org.
4. Ken Moritsugu e Jamey Keaten, "To China's Fury, UN Accuses Beijing of Uyghur Rights Abuses", AP News, 1º set. 2022, apnews.com.
5. "Situation in Ukraine: ICC Judges Issue Arrest Warrants Against Vladimir Vladimirovich Putin and Maria Alekseyevna Lvova-Belova", Tribunal Penal Internacional, 17 mar. 2023, www.icc-cpi.int.
6. "Full Text of Xi Jinping's Report at 19th CPC National Congress", *China Daily*, 4 nov. 2017, chinadaily.com.cn.
7. Andréa Worden, "China at the UN Human Rights Council: Conjuring a 'Community of Shared Future for Humankind'?", em Nadège Rolland (Org.), *An Emerging China-Centric Order: China's Vision for a New World Order in Practice*, National Bureau of Asian Research, NBR Special Report 87, ago. 2020, www.nbr.org.
8. RG.RU, "О чем рассказал Владимир Путин на пленарном заседании ПМЭФ", Российская газета, 2 jun. 2017, rg.ru.
9. António Guterres, Instagram, 31 ago. 2023, www.instagram.com.
10. Fareed Zakaria, *The Post-American World and the Rise of the Rest* (Londres: Penguin Books, 2008).
11. Ivan U. Klyszcz, "Messianic Multipolarity: Russia's Resurrected Africa Doctrine", Riddle, 6 abr. 2023, ridl.io.
12. Mark Trevelyan, "As He Seizes Ukrainian Lands, Putin Is Silent on War Failings", Reuters, 30 set. 2022.
13. "Путин заявил, что Россия находится в авангарде создания справедливого мироустройства", Tass, 28 nov. 2023, tass.ru.
14. "Mali: New Atrocities by Malian Army, Apparent Wagner Fighters", Human Rights Watch, 24 jul. 2023, www.hrw.org.
15. Mamadou Makadji, "L'Afrique revendique un monde multipolaire lors de la Semaine Russe de l'Énergie", Mali Actu, 15 out. 2023, maliactu.net.

16. "Xinhua Commentary: This Time for Africa and a Multipolar World", Xinhua, 11 set. 2023, english.news.cn.
17. Danny Haiphong, "China's Diplomacy Injects Vitality into the Multipolar World", CGTN, 27 set. 2023, news.cgtn.com.
18. Ben Norton, "Venezuela at UN: We Must Build Multipolar 'World Without Imperialism'", Geopolitical Economy Report, 22 set. 2021, geopoliticaleconomy.com.
19. Nicolás Maduro, Twitter, 8 ago. 2023, x.com/NicolasMaduro.
20. Kim Tong, "North Korea Stresses Alignment with Russia Against US and Says Putin Could Visit at an Early Date", AP News, 21 jan. 2024, apnews.com.
21. Maziar Motamedi, "Iran's Raisi After 'Strategic' Ties in South America Tour", Al Jazeera, 12 jun. 2023, www.aljazeera.com.
22. Anne Applebaum, "The 22-Year-Old Blogger Behind Protests in Belarus", *The Atlantic*, 21 ago. 2020, www.theatlantic.com.
23. Ivan Nechepurenko e Neil Vigdor, "Who Is Roman Protasevich, the Captive Journalist in Belarus?", *The New York Times*, 14 jun. 2021.
24. Chas Danner, Matt Stieb e Eve Peyser, "European Union Bans Its Airlines from Flying over Belarus", *New York*, 24 maio 2021, nymag.com.
25. Michelle Bachelet, "Belarus: 'You Are Not Human Beings'", Anistia Internacional, 18 jan. 2021, eurasia.amnesty.org.
26. Andrew Higgins, "With Pardon of Roman Protasevich, Belarus Fuels a Tale of Betrayal", *The New York Times*, 23 maio 2023.
27. Alexey Kovalev (@Alexey__Kovalev), Twitter, 23 maio 2021, 9h56, twitter.com/Alexey Kovalev.
28. "Russia Defends Belarus over Plane Diversion", *Moscow Times*, 24 maio 2021.
29. "Transnational Repression: Understanding and Responding to Global Authoritarian Reach", Freedom House, 2024. Disponível em: freedomhouse.org/report/transnational-repression. Acesso em 18 fev. 2024.
30. Vanessa Guinan, "Russian Vadim Krasikov Convicted of Assassinating Chechen Tornike Khangoshvili in Tiergarten", *The Washington Post*, 15 dez. 2021.
31. Paul Kirby, "Russian Sausage Tycoon Pavel Antov Dies in Indian Hotel Fall", BBC, 27 dez. 2022, www.bbc.com/news.
32. Amit Chaturvedi, "Russian Businessman Dmitry Zelenov Dies Under Mysterious Circumstances", NDTV, 19 dez. 2022, www.ndtv.com.
33. Michael Schaffer, "A Putin Critic Fell from a Building in Washington. Was It Really a Suicide?", *Politico*, 26 ago. 2022.

34. Matthew Levitt, "Trends in Iranian External Assassination, Surveillance, and Abduction Plots", Combating Terrorism Center at West Point, 8 fev. 2022, ctc.westpoint.edu.
35. "U.S. Attorney Announces Charges and New Arrest in Connection with Assassination Plot Directed from Iran", Departamento de Justiça, 27 fev. 2023, www.justice.gov.
36. Joanna Kakissis, "Uighurs in Turkey Fear China's Long Arm Has Reached Their Place of Refuge", NPR, 13 mar. 2020, www.npr.org.
37. Ronn Blitzer, "FBI, DOJ Announce Indictment Against 8 Chinese Operatives", Fox News, 28 out. 2020, www.foxnews.com.
38. Teng Biao, "No Escape: The Fearful Life of China's Exiled Dissidents", Al Jazeera, 9 abr. 2018, www.aljazeera.com.
39. "Two Arrested for Operating Illegal Overseas Police Station of the Chinese Government", Departamento de Justiça, 19 abr. 2023, www.justice.gov.
40. Anna Holligan, "China Accused of Illegal Police Stations in the Netherlands", BBC, 26 out. 2022, www.bbc.com/news.
41. "Venezuelan Military Refugee in Chile Is Abducted from His Home in an Apparent Commando Operation", MercoPress, 22 fev. 2024, en.mercopress.com; Catalina Batarce e Gianluca Parrini, "El inédito diario de torturas del teniente Ojeda", 3 mar. 2024, La Tercera, www.latercera.com.
42. Ruth Maclean, "How a Savior of Rwanda, Paul Rusesabagina, Became Its Captive", *The New York Times*, 20 set. 2021.
43. Nadine Yousif e Neal Razzell, "Who Was Canadian Sikh Leader Hardeep Singh Nijjar?", BBC, 2 out. 2023, www.bbc.com/news.
44. Will Fulton, Joseph Holliday e Sam Wyer, "Iranian Strategy in Syria", Institute for the Study of War, 2013. Disponível em: www.understandingwar.org. Acesso em 20 fev. 2024.
45. Anna Borshchevskaya, "Russia's Strategic Success in Syria and the Future of Moscow's Middle East Policy", Lawfare, 23 jan. 2022, www.lawfaremedia.org.
46. James Ball, "Syria Has Expanded Chemical Weapons Supply with Iran's Help, Documents Show", *The Washington Post*, 27 jul. 2012.
47. Kareem Shaheen, "MSF Stops Sharing Syria Hospital Locations After 'Deliberate' Attacks", *The Guardian*, 18 fev. 2016.
48. Don Melvin, "Syria Hospital Bombings Destroy Health Care, MSF Says", CNN, 18 fev. 2016, www.cnn.com; Pamela Engel, "Russia Attacking Hospitals in Syria", *Business Insider*, 21 fev. 2016, www.businessinsider.com.

49. Independent International Commission of Inquiry on the Syrian Arab Republic, "13th Report of the Commission of Inquiry on the Syrian Arab Republic", 2 fev. 2017, OHCHR, www.ohchr.org.
50. "The Kremlin's Chemical Weapons Disinformation Campaigns", Departamento de Estado, 1º maio 2022, www.state.gov.
51. Scott Pelley, "What a Chemical Attack in Syria Looks Like", CBS News, 25 fev. 2018, www.cbsnews.com.
52. Anne Applebaum, "Opinion: Russia Is Lying About Syria. But Trump Has No Credibility to Counter It", *The Washington Post*, 13 abr. 2018.
53. "Assad Gets Warm Reception as Syria Welcomed Back into Arab League", Al Jazeera, 19 maio 2023, www.aljazeera.com.
54. Nike Ching, "Khamenei: Iran Never Trusted West, Seeks Closer Ties with China", Voice of America, 23 jan. 2016, voanews.com.
55. Reuel M. Gerecht e Ray Takeyh, "The Mullahs and the Dragon", *National Review*, 21 dez. 2023, www.nationalreview.com.
56. Jack Watling, Oleksandr V. Danylyuk e Nick Reynolds, "The Threat from Russia's Unconventional Warfare Beyond Ukraine, 2022-24", Royal United Services Institute, 20 fev. 2024, static.rusi.org.
57. Bruce Riedel, "Hezbollah and the Axis of Resistance in 2024", Brookings Institution, 16 jan. 2024, www.brookings.edu.
58. Nicholas Frakes, "How Hezbollah Uses Ramadan TV Shows to Bolster Its Image", New Arab, 19 abr. 2023, www.newarab.com.
59. Kirsten Anna e Mohamed Keita, "Russia's Influence in Mali", Human Rights Foundation, 11 ago. 2023, hrf.org.
60. Auric J. Ouakara, Radio Lengo Songo, 13 fev. 2024, lengosongo.cf.
61. Roger Cohen, "Putin Wants Fealty, and He's Found It in Africa", *The New York Times*, 27 dez. 2022.
62. "Wagner Group Uses Mafia-Style Tactics to Dominate CAR's Diamond Sector", *Africa Defense Forum*, 1º ago. 2023, adf-magazine.com.
63. Watling, Danylyuk e Reynolds, "Threat from Russia's Unconventional Warfare Beyond Ukraine".

5. *Caluniando os democratas*

1. Gene Sharp, *From Dictatorship to Democracy: A Conceptual Framework for Liberation* (Boston: The Albert Einstein Institution, 2002), p. 1.

NOTAS

2. Ruaridh Arrow, "Gene Sharp: Author of the Nonviolent Revolution Rulebook", BBC, 21 fev. 2011, www.bbc.com/news.
3. Vaclav Havel, "The Power of the Powerless", Hannah Arendt Center for Politics and the Humanities, Bard University, 23 dez. 2011, hac.bard.edu.
4. Evan Mawarire, "#ThisFlag. The 1st Video That Started It All", vídeo, YouTube, www.youtube.com.
5. Entrevista com Evan Mawarire, maio 2023.
6. Jonathan Moyo (@ProfJNMoyo), Twitter, 9 maio 2016, 1h41, twitter.com/ProfJNMoyo.
7. Farai Mutsaka, "Zimbabwe's Flag Center of Social Media War over Frustrations", AP News, 11 jun. 2016, apnews.com.
8. De uma entrevista com Evan Mawarire em 23 maio 2023; também "Supporters in Zimbabwe Fume After Protest Pastor Leaves for US", Voice of America, 21 ago. 2016, www.voanews.com.
9. Philip Freeman, "Cicero, Dirty Tricks, and the American Way of Campaigning", *Wall Street Journal*, 16 mar. 2012.
10. Bill Keller, "Innocent Googling? No Such Thing in Tehran", *The New York Times*, 16 jun. 2009.
11. "Joint News Conference by Trump and Putin: Full Video and Transcript", *The New York Times*, 16 jul. 2018.
12. David M. Herszenhorn e Ellen Barry, "Putin Contends Clinton Incited Unrest over Vote", *The New York Times*, 8 dec. 2011.
13. Ministério das Relações Exteriores da Rússia, "'Euromaidan': 10 Years of Disappointment", 21 nov. 2023, russianembassyza.mid.ru/en.
14. Timothy Snyder, "Ukraine's Maidan Revolution", *Thinking About...*, Substack, 21 nov. 2023, snyder.substack.com.
15. "Mawarire Is No Saint", *The Herald*, 23 jul. 2016, www.herald.co.zw.
16. Amy Slipowitz e Mina Loldj, "Visible and Invisible Bars", Freedom House, 2023. Disponível em: freedomhouse.org. Acesso em 16 fev. 2024.
17. David E. Hoffman, *Give Me Liberty: The True Story of Oswaldo Payá and His Daring Quest for a Free Cuba* (Nova York: Simon & Schuster, 2022).
18. "Beaten to Death by State Security: RSF Shocked by Gruesome Murder of Independent Journalist in China", Reporters sans Frontières, 21 nov. 2023, rsf.org.
19. Michael Parks, "South Africa Bans Public Protest at Funerals", *Los Angeles Times*, 1º ago. 1985.
20. "Funerals Become Scenes of Myanmar Resistance, More Violence", AP News, 28 mar. 2021, apnews.com.

21. Mike Eckel, "'Extremism' as a Blunt Tool: Behind the Russian Law Being Used to Shut Navalny Up", RFE/RL, 29 abr. 2021, www.rferl.org.
22. Marlies Glasius, Jelmer Schalk e Meta De Lange, "Illiberal Norm Diffusion: How Do Governments Learn to Restrict Nongovernmental Organizations?", *International Studies Quarterly*, v. 64, n. 2, jun. 2020, p. 453-68.
23. "Analysis of Ethiopia's Draft Civil Society Law", Human Rights Watch, 13 out. 2008, hrw.org.
24. Harriet Sherwood, "Human Rights Groups Face Global Crackdown 'Not Seen in a Generation'", *The Guardian*, 26 ago. 2015.
25. "Venezuela: ONGs en Venezuela bajo grave riesgo", Anistia Internacional, 11 jan. 2024, www.amnesty.org.
26. "Cuba: Freedom in the World 2023 Country Report", Freedom House, 2023, freedomhouse.org.
27. Tina Dolbaia e Maria Snegovaya, "In Georgia, Civil Society Wins Against Russia-Style 'Foreign Agents' Bill", *CSIS*, 15 mar. 2023, www.csis.org.
28. "Egypt: Crackdown on Human Rights Defenders Continues amid Ongoing 'Foreign Funding' Investigation", Anistia Internacional, 30 jul. 2021, www.amnesty.org.
29. Godfrey Musila, "The Spread of Anti-NGO Measures in Africa: Freedoms Under Threat", Freedom House, 2019. Disponível em: freedomhouse.org. Acesso em 18 fev. 2024.
30. Tom Phillips e Christy Yao, "China Passes Law Imposing Security Controls on Foreign NGOs", *The Guardian*, 28 abr. 2016.
31. Reuters, "Key Venezuela Opposition Figure Barred from Office for 15 Years", Voice of America, 7 abr. 2017, www.voanews.com.
32. Paw Htun, "Myanmar Military's Attempts to Smear Suu Kyi as Corrupt Have Failed", *Irrawaddy*, 17 maio 2022, www.irrawaddy.com.
33. Digital Forensic Research Lab, "#InfluenceForSale: Venezuela's Twitter Propaganda Mill", Medium, 3 fev. 2019, medium.com.
34. Brandtley Vickery, "Mohammed bin Salman's 'Army of Flies': Saudi Arabia's Creative Spread of Disinformation and Attack on Political Dissidence", Democratic Erosion, 30 nov. 2021, www.democratic-erosion.com.
35. Zosia Wanat, "Senior Polish Official Quits in the Wake of Internet Trolling Allegations", *Politico*, 20 ago. 2019, www.politico.eu.
36. Magdalena Gałczyńska, "Troll Farm at the Ministry of Justice", Onet Investigation, Themis Stowarzyszenie Sędziów, 19 ago. 2019, themis-sedziowie.eu.
37. Entrevista com Denise Dresser, fev. 2023.

38. Jonathan Eig, *King: A Life* (Nova York: Farrar, Straus and Giroux, 2023), p. 392-400.
39. Michael E. Miller, "Nixon Had an Enemies List. Now So Does Trump", *The Washington Post*, 19 ago. 2018.
40. Mary Clare Jalonick, "Jan. 6 Takeaways: Trump's State Playbook; 'Hateful' Threats", AP News, 21 jun. 2022, apnews.com.

Epílogo: Democratas Associados

1. Dave Sherwood, "Special Report: How Cubans Were Recruited to Fight for Russia", Reuters, 3 out. 2023.
2. Wendell Steavenson, "Nagorno-Karabakh, the Republic That Disappeared Overnight", *1843 Magazine*, 1º jan. 2024, www.economist.com.
3. 837 Parl. Deb. H.C. (6th ser.) (2024) col. 668.
4. Pieter Haeck, "Russian Propaganda Network Paid MPs, Belgian PM Says", *Politico*, 28 mar. 2024.
5. "Joint Statement of the Russian Federation and the People's Republic of China on the International Relations Entering a New Era and the Global Sustainable Development".
6. "Full Text Transcript of Putin & Kim Jong-un Meeting", *Mirage News*, 13 set. 2023, www.miragenews.com.
7. Johnny Harris, "Kim Jong Un Warns US Would Be Crushed in War with North Korea", YouTube, 2024, www.youtube.com.
8. "Dmitry Medvedev Says Ukraine Should Not Exist in Any Form, Calling It a 'Cancerous Growth'", *Meduza*, 17 jan. 2024, meduza.io.
9. Andrew Osborn, "Putin Ally Says 'Ukraine Is Russia' and Historical Territory Needs to 'Come Home'", Reuters, 4 mar. 2024.
10. Josh Rogin, "Opinion: In May, Ukrainian Oligarch Said Giuliani Was Orchestrating a 'Clear Conspiracy Against Biden'", *The Washington Post*, 3 out. 2019; Ben Schreckinger, "Ukraine Scandal Ropes in Clinton-Era GOP Operatives", *Politico*, 3 out. 2019.
11. "The Kremlin's Efforts to Spread Deadly Disinformation in Africa", Departamento de Estado, 12 fev. 2024, www.state.gov.
12. Kate Connolly, "Germany Unearths Pro-Russia Disinformation Campaign on X", *The Guardian*, 26 jan. 2024.
13. Andrew E. Kramer, "Russia Cuts Off Gas to Ukraine in Cost Dispute", *The New York Times*, 2 jan. 2006.

14. Jack Farchy et al., "Russia Cuts Off Gas Supplies to Ukraine", *Financial Times*, 16 jun. 2014, www.ft.com.
15. Erika Solomon e Katrin Bennhold, "How a German State Helped Russia Complete Nord Stream 2", *The New York Times*, 2 dez. 2022.
16. Judy Dempsey, "Exhibition Traces Ties Between Germany and Russia", *The New York Times*, 20 dez. 2012.
17. Tassilo Hummel et al., "The Meat Magnate Who Pushed Putin's Agenda in Germany", Reuters, 31 maio 2023; "Designierter Bundespräsident Steinmeier liebt den FC Schalke", *DerWesten*, 15 nov. 2016, www.derwesten.de.
18. Katrin Bennhold, "How the Ex-chancellor Gerhard Schröder Became Putin's Man in Germany", *The New York Times*, 23 abr. 2022.
19. Melissa Eddy, "German Government Nationalizes Gas Unit Seized from Gazprom", *The New York Times*, 14 nov. 2022.
20. "Remarks by National Security Advisor Jake Sullivan on Renewing American Economic Leadership at the Brookings Institution", Casa Branca, 27 abr. 2023, whitehouse.gov.
21. Craig Unger, "Trump's Businesses Are Full of Dirty Russian Money. The Scandal Is That It's Legal", *The Washington Post*, 29 mar. 2019.
22. "Speech by President von der Leyen on EU-China Relations to the Mercator Institute for China Studies and the European Policy Centre", Comissão Europeia, 27 mar. 2023, ec.europa.

Créditos do texto

Partes deste livro apareceram originalmente nas seguintes publicações.

The Atlantic: "Conservatives and the False Romance of Russia", 12 dez. 2019; "Venezuela Is the Eerie Endgame of Modern Politics)", 27 fev. 2020; "A KGB Man to the End", set. 2020; "How China Outsmarted the Trump Administration", nov. 2020; "How to Put Out Democracy's Dumpster Fire", abril 2021; "Other Regimes Will Hijack Planes Too", 24 maio 2021; "The Kleptocrats Next Door", 8 dez. 2021; "The Bad Guys Are Winning", dez. 2021; "America Needs a Better Plan to Fight Autocracy", 15 mar. 2022; "There Is No Liberal World Order", 31 mar. 2022; "China's War Against Taiwan Has Already Started", 14 dez. 2022; "There Are No Rules", 9 out. 2023.

The Washington Post: "Let a Thousand Filters Bloom", 20 jul. 2005; "How the U.S. and Britain Help Kleptocracies Around the World — And How We Pay the Price as Well", 13 maio 2016.

The Spectator (Londres): "Letting Russia into the G8 Gave Tacit Approval to Putin", 3 mar. 2014.

The New York Review of Books: "How He and His Cronies Stole Russia", 18 dez. 2014.

Este livro foi composto na tipografia Minion Pro,
em corpo 10/16, e impresso em
papel off-white 70g/m² no Sistema Cameron da
Divisão Gráfica da Distribuidora Record.